CW01669951

To/

Dear Marian,

In memory of a happy holiday in Normandie,

Love + best wishes

from

Rosalie xx

Xmas, 1987

DU XVIe SIÈCLE À 1930

LE MOBILIER MINIATURE

GUY ET ELYANE DE VENDEUVRE

CH. MASSIN

Editions Ch. Massin, Paris. I.S.B.N. : 2-7072-0116-2

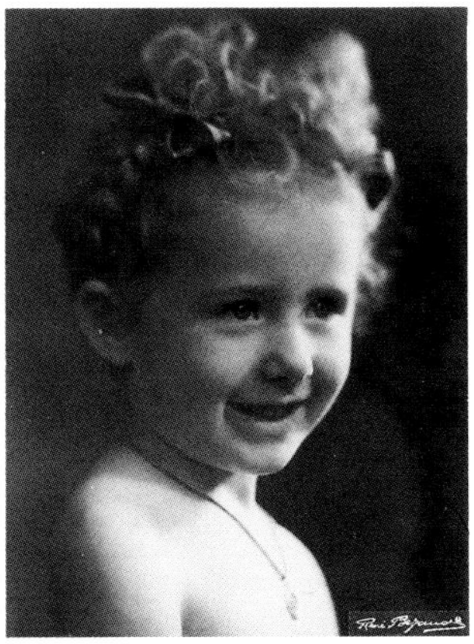

AVANT-PROPOS

C'est à l'âge de sept ans qu'Elyane de Vendeuvre admirait pour la première fois, chez une tante âgée, un petit secrétaire en marqueterie du XVIIIe siècle (p. 30). Fascinée par la passion de cet enfant pour ce merveilleux petit meuble, sa tante le lui offrit plus tard.

Ce fut le point de départ de la collection de mobilier miniature et chefs-d'œuvre de maîtrise qui comporte plus de trois cents petits meubles et des centaines d'objets.

Avec son mari et ses enfants, Elyane de Vendeuvre poursuit un travail de fourmi, recherchant toujours, dans le monde entier, des petits meubles et petits objets insolites de qualité, étudiant et rassemblant par ailleurs toutes les informations sur ce sujet jusqu'ici inexploré.

C'est dans l'Orangerie du château de Vendeuvre* que ce panorama, à échelle réduite, des arts décoratifs du XVIe siècle à 1930 est depuis quelques années présenté à un public de plus en plus nombreux.

A nos enfants : Alexandre, Isaure et Aude.

**Musée international du Mobilier miniature et chefs-d'œuvre de maîtrise - Château de Vendeuvre - Saint-Pierre-sur-Dives - Calvados - France.*

«La curiosité n'est pas un goût pour ce qui est beau, mais pour ce qui est rare, unique, pour ce qu'on a et que les autres n'ont pas... ce n'est pas un amusement, mais une passion, et souvent si violente qu'elle ne cède à l'amour et à l'ambition que par la petitesse de son objet.»

La Bruyère.

Vers 1740, Joseph Bonnier de la Mosson ouvrait très libéralement au public, à Paris, ses cabinets de curiosité et prenait plaisir à présenter lui-même ses collections. Particulièrement remarquable était son cabinet de mécanique, un des plus beaux d'Europe.

Superbement présentés dans des décors subtils, des modèles réduits, des prototypes miniatures, des maquettes scientifiques, des mécanismes à automate réunissaient la science et l'art, et fascinaient les visiteurs.

De même, le mobilier miniature fascine et déroute par ses dimensions insolites. Celui qui voit plusieurs petits meubles est inévitablement surpris par la variété des formes de ces meubles (commodes, armoires, sièges, lits, tables, etc.), la diversité des échelles, les grandes différences de qualité, et la multiplicité des matériaux utilisés (bois, cire, terre, papier, cuir, bronze, faïence ou porcelaine). Devant ce vaste panorama des meubles miniatures de toutes les époques, on conçoit très rapidement que les raisons de leur création sont multiples et nous les regroupons en six catégories principales :

CABINET
Flandre
XVIIe siècle
*Poirier noirci, ébène, **ivoire***
H. 35 cm ; L. 28 cm ; Pr. 10 cm
Cabinet à sept tiroirs ornés de personnages et paysages en marqueterie. Porte centrale en ivoire gravée d'un dessin de vase, flanquée de deux colonnettes sous un fronton triangulaire, ouvrant sur un théâtre. Piétement à trois tiroirs en ceinture et quatre pieds balustres réunis par des traverses dont l'antérieure seule est tournée.

LES MODÈLES OU MAQUETTES

Depuis la plus haute antiquité, les meubles miniatures ont accompagné les morts dans leurs tombes, ou ont servi de jouets aux enfants ; mais c'est essentiellement à partir du XVIe siècle que le mobilier miniature apparaît dans notre civilisation occidentale.

En effet, l'essor économique de la Renaissance, particulièrement en Italie, en Allemagne et en Hollande, permet à tous ceux qui ont accumulé des richesses d'aménager l'intérieur de leur maison avec un luxe jusqu'alors réservé aux églises et aux palais royaux.

En architecture, aux quelques grandes salles du Moyen Age — à usage polyvalent —, succède la distribution de pièces plus petites ayant chacune une fonction bien précise : chambre, antichambre, salon de musique, salle à manger, salle de billard...
Le mobilier suit la même évolution. Il est composé au XVIe siècle essentiellement de lits, sièges, coffres ou cabinets ; le luxe résidait alors dans la richesse des tissus et de l'argenterie.

Avec la nouvelle distribution des appartements et la recherche du confort, le mobilier se diversifie, de nouveaux meubles, correspondant à une fonction spécialisée, sont inventés par les architectes et les ornemanistes, soit dans le cadre d'une recherche générale, soit pour un projet précis.

Dans le processus de la création d'un meuble nouveau, le modèle a une place importante. En effet après le dessin, le modèle en volume permet de mieux comprendre «l'équilibre et l'âme du meuble». Ces recherches, ces ébauches nouvelles ont permis une évolution dans les styles et l'histoire du mobilier est liée à ces petits modèles que l'architecte-ornemaniste ou l'ébéniste inventait.

Avant donc de «bâtir» un nouveau meuble, les architectes-ornemanistes créaient des modèles de présentation, donnant un échantillonnage de motifs décoratifs plus précis et plus variés qu'un cahier d'ornemaniste. Pour des raisons évidentes de prix de revient et de facilité de transport, ces modèles étaient exécutés à une petite échelle, donnant par anticipation une idée assez exacte de ce que serait la pièce achevée.

Le XVIIe, le XVIIIe siècle et une grande partie du XIXe siècle ont ignoré le système de la production en série. On ne construisait pratiquement que sur commande et il faut remarquer, en tout premier lieu, l'influence prépondérante de la famille royale dans l'orientation du goût. Incontestablement, Louis XIV crée l'art du XVIIe siècle, tant par ses dépenses que par l'impulsion donnée à son initiative aux métiers nouveaux. Au XVIIIe siècle, les souverains donnent le ton. «Marie-Antoinette, Louis XV et même parfois Louis XVI se faisaient présenter des modèles, maquettes en cire ou dessins qui comportaient deux ou trois variantes (1).»

Une maquette de Gondouin représente une bergère Louis XVI drapée à la reine ; elle comporte six pieds différents : pied de biche, flèches en faisceaux ou en carquois, cannelures droites et en spirales ; les deux accotoirs sont différents : l'un se termine par une sirène, l'autre par un mufle de lion soutenu par une console. Il s'agit là d'une commande royale. Cette maquette marque l'une des étapes vers la création d'un mobilier destiné au pavillon du Rocher qui domine le lac du Petit Trianon.
«L'ébauche discutée et acceptée, Gondouin exécuta

(1) «Le mobilier royal français» - P. Verlet.

SECRÉTAIRE-COMMODE
Hollande - XVIIIe siècle
Noyer, poirier teinté, buis, palisandre, amarante
H. 35,5 cm; L. 37,5 cm; Pr. 25 cm

Secrétaire de forme renflée, marqueté d'oiseaux et de fleurs. Le cylindre ouvre sur une tablette mobile, découvrant trois tiroirs et des casiers. Deux tiroirs inférieurs avec entrées de serrures décoratives en applique. Pieds sculptés en griffes.

FAUTEUIL
Allemagne - XVIIe siècle
Chêne
H. 25 cm; L. 16,5 cm; Pr. 15 cm

Dossier marqueté de palmes et volutes, au fronton composé de volutes affrontées, entre deux montants inclinés surmontés de toupies. Accotoirs incurvés à enroulements terminaux débordant au-dessus de consoles en balustres placés dans le prolongement de ceux des pieds. Entretoises en volutes affrontées rappelant le sommet du dossier.

HORLOGE DE PARQUET
Hollande - Datée 1798
Signée La Dieras
Acajou, bois de corail
H. 60 cm; L. 22 cm; Pr. 12 cm

Sous un fronton cintré à deux volutes affrontées, surmonté de trois vases-urnes, cadran flanqué de colonnettes rondes rapportées. Fût droit marqueté d'un dessin de perles en accolades. Base renflée posant sur quatre pieds en boules. Cadran en or et mouvement de Lépine.

FAUTEUIL
France - Epoque Louis XIV
Noyer, garniture de soie
H. 33,5 cm; L. 17 cm; Pr. 17 cm

Haut dossier droit séparé du siège par un faible espace. Accotoirs incurvés, à becs de corbin, reposant sur des montants en console prolongeant les pieds. Pieds en console, reliés par un entrejambe en H, à os de mouton.

1798

un modèle de siège en terre, grandeur nature, puis il le modifia plusieurs fois sous les yeux de l'intendant du Garde-Meuble, Fontanieu. Les variantes des pieds existaient encore et tous les ornements avaient été modelés en cire et peints pour que la reine puisse choisir. Le choix fait, le modèle fut confié à Georges Jacob, l'un des fournisseurs de sièges les plus réputés de la Cour, qui exécuta les meubles royaux disparus aujourd'hui. Ceci ne l'empêcha pas, par la suite, d'utiliser certains détails pour d'autres clients. Ainsi le détail d'un accotoir, d'un pied, du dossier en arbalète, du montant enroulé d'un liseron se retrouve sur d'autres sièges (1).»

Une autre maquette présente dans une collection particulière est un siège (mi-fauteuil, mi-bergère) en bois doré à décor alternatif (un accotoir d'un côté évidé, de l'autre en bois sculpté et doré). Il existe une maquette de lit en cire — sans doute de Gondouin — qui correspond à la description d'un lit livré pour l'appartement de la comtesse du Barry à Fontainebleau le 31 août 1772 (2).

Pour le «Bureau du Roi» de Oeben et Riesener (1760-1769), Oeben au préalable a fait un modèle en cire comportant tous les détails: «Avoir fait un modèle en petit, fait en cire tous les différents objets des bronzes, fleurs, figures et autres sujets, avoir fait peindre en couleur naturelle tous les projets de marqueterie, comme trophées, attributs et autres, de différentes façons, pour donner l'idée de toutes les parties qui doivent le composer (3).»

Lors du mariage de Marie-Antoinette et du Dauphin en 1770, un cabinet de médailles fut offert comme cadeau. Pour l'exécution de ce cabinet, différents modèles ont été proposés, dont un non réalisé qui se trouve à Baltimore à la Walters Art Gallery. Il mesure 79,5 cm de haut. La structure est en bois et cire, par endroits couverts de papier polychrome. Au centre, il y a du bois et on a collé du papier coloré autour; la division architecturale et tous les ornements sont en cire (4).

Bennemann en 1786 a exécuté un bureau pour Compiègne, selon un modèle en bois et cire d'un sculpteur nommé Martin (5).

Ross, vers 1811, a créé des modèles pour de nombreux meubles commandés pour le Palais impérial à Rome.

A l'image de la famille royale, les grands du royaume, l'aristocratie et une riche bourgeoisie éclairée font évoluer les styles avec les conseils des marchands-merciers. Au XVIIIe siècle, les marchands-merciers étaient les intermédiaires qui orientaient le goût du grand public et faisaient la mode; ils étaient les «guides du goût», en quelque sorte nos décorateurs actuels.

La clientèle fréquente ces boutiques de marchands-merciers d'ameublement qui sont installés pour la plupart autour de Saint-Germain-l'Auxerrois:

«Au roy des Indes», Lebrun
«Au roy d'Espagne», Darnault
«Au Petit Dunkerque», Grancher
«A la Pagode», Gersaint.

Ces modèles ou maquettes pouvaient être exécutés dans différents matériaux, telle cette commode en stuc et carton peint que possèdent les Musées royaux d'Art et d'Histoire à Bruxelles (6).

Très souvent la terre cuite était utilisée pour l'établissement d'un projet de meuble. Le musée Simon van Gijn à Dordrecht possède un modèle de console en terre cuite, exécuté par le sculpteur H. Noteman vers 1700. La console, grandeur nature, existe et l'on sent que ce modèle en terre cuite est une ébauche, une recherche de forme.

La console en terre cuite d'époque Louis XV (p. 11) est une maquette, sans doute de la main d'un sculpteur-ornemaniste; on note la recherche des volumes et des sculptures dans le style Rocaille. Un autre modèle en terre cuite est un projet de cartel (p. 11) du XVIIIe siècle, il s'agit d'une superbe sculpture représentant un cadre composé d'une couronne de fleurs sommée d'un amour se détachant sur un fond de rayons et d'une victoire ailée jaillissant d'un nuage à la partie inférieure.

La cire permettait de mieux préciser les détails des sculptures. Il existe un modèle de bureau dos d'âne mesurant 32 cm de large et 34 cm de haut, en bois partiellement habillé de cire, il porte l'estampille de Lhoste (maître en 1757). «Il ne faut pas confondre les projets de meubles avec ces petits modèles de meubles... faits pour l'amusement des enfants... quand il s'agissait d'établir le projet du meuble de maîtrise, ou d'établir un projet en vue de l'exécution d'une commande qu'il entendait particulièrement soigner, le maître ébéniste construisait un modèle réduit en bois, puis le garnissait en totalité ou partiellement de cire,

(1) Connaissance des Arts - N°75 - Mai 1958. (2) Collection particulière - Paris. (3) «Histoire Générale des Arts appliqués à l'industrie» - E. Molinier - T. 3 - Le mobilier aux XVIIe et XVIIIe siècles - Paris - p. 153. (4) The Jewel Cabinet of the Dauphine Marie-Antoinette - Juliette Nidausse - "The Journal of the Walters Art Gallery" 18. 1955.

(5) «Le Mobilier royal français» - P. Verlet - Vol. 2 - Paris - 1955.
(6) Inventaire n°2421 - Exposition juin 1980, Fondation de Deulin.

CONSOLE
France
Epoque Louis XV
Terre cuite
H. 11,5 cm; L. 23 cm; Pr. 10 cm
Modèle.
Console de style rocaille.

CARTEL
Première moitié du XVIIIe siècle
Terre cuite
H. 15 cm; L. 8 cm
Modèle.
Cadre composé d'une couronne de fleurs sommée d'un amour se détachant sur un fond de rayons, et d'une victoire ailée jaillissant d'un nuage, à la partie inférieure.

ENCOIGNURE
Epoque Louis XVI
Marqueterie de bois de rose, noyer, filets de buis, ébène et bois de violette
H. 19,2 cm; L. 16,5 cm; Pr. 10 cm
Modèle.
Encoignure triangulaire à pans coupés marquetés, montée sur courts pieds en gaine.
Dessus et porte en bois de frisage entre des filets de motifs torsadés.

SECRÉTAIRE EN ARMOIRE
France
Epoque Empire
Acajou, marbre
H. 50 cm; L. 37 cm; Pr. 20 cm
Secrétaire à trois tiroirs et abattant ouvrant sur deux tiroirs et un casier. Entrées de serrures en forme de blason; anneaux de tirage fichés dans des mufles de lions. Pieds en griffes.

ATHÉNIENNE
France
Epoque Empire
Acajou, ébène, citronnier, buis, loupe de noyer, bronze patiné
H. 18 cm; ∅ 17 cm
Plateau rond marqueté d'un motif en étoile, relié à une base ronde par un trépied entretoisé en X, en bronze patiné, sous lequel est posée une urne en buis.

FAUTEUIL
France
Epoque Empire
Acajou, bronze, garniture de soie
H. 31 cm; L. 22 cm; Pr. 22 cm
Dossier légèrement incliné. Accotoirs en forme de sceptres égyptiens à boutons de lotus. Supports d'accotoirs droits, sur dés de raccordement étoilés, comme les extrémités des bras. Feuilles de laurier en applique sur le dossier et la ceinture. Quatre pieds en sabre.

GUÉRIDON
France
Epoque Restauration
Noyer, citronnier, amarante, ébène, nacre
H. 22 cm; ∅ 24 cm
Plateau rond décoré en marqueterie d'un motif rayonnant et d'une bordure imitant une cordelière. Pied balustre à pans, à base tripode.

pour modeler les parties qui devaient être sculptées (1).»

Il est intéressant de remarquer le modèle de buffet-vitrine en chêne (vers 1760 - Aix-la-Chapelle/Luttich de 32 × 16 × 6 cm) qui se trouve à Cappenberg au Musée d'Art et d'Histoire de la ville de Dortmund. L'ensemble est fait dans un bloc de chêne, excepté le dessus du meuble qui est évidé. Aucune porte n'ouvre. Il s'agit d'un prototype de sculpteur (2).

La maquette pouvait être un prototype d'essai, recherche pure jamais exécutée : tel ce meuble d'entre-deux bombé sur toutes ses faces, d'époque Louis XV (ci-contre) ; ce petit meuble n'a sans doute jamais été réalisé, du moins nous n'en connaissons pas de réalisation grandeur nature.

Adam Plackner a voulu faire une revue de meubles en 1818 à Munich ; lors d'une exposition il a fait des modèles pour les fabricants, ceci afin d'inspirer les ébénistes et de marquer une évolution dans le goût. Un fabricant de miroirs a ouvert en 1818 un magasin à Munich et relate dans ses mémoires «cette formation du goût (3)».

De nos jours encore, les ateliers du Mobilier national à Paris étudient les nouvelles créations à l'aide de modèles miniatures (4). Les maquettes correspondaient parfois à une commande unique bien précise : L.C. Carpentier et Charles Lachenait (1772-1774) ont fait un lit destiné au Palais-Bourbon. Voici le processus :

en premier lieu : un dessin
puis : un petit modèle
et ensuite : un modèle grandeur nature.

«Avant de commencer ce lit, on a fait des modèles grands comme l'exécution, d'après des esquisses et maquettes en petit faites en premier lieu (5).»

Balthasar Neumann écrit en 1723 de Paris à Johann Philipp Franz von Schönborn : «Je me fais faire des modèles de lits et de sièges (6).»

Remarquons les modèles de fauteuil, chaise et table (p 15) : au dos de la chaise sont sculptées les armes des Tokugawa (trois feuilles de mauve dans un cercle) ; il s'agit là de modèles à décor de dragons et serpents exécutés dans le style de la Chine du Sud et

(1) «L'Art et la manière des maîtres ébénistes français au XVIIIe siècle» - Jean Nicolay - Pygmalion. (2) Rolf Fritz - Collections d'art de Dortmund - Exposition Cappenberg, 1963.

(3) Fritz Hellwag. (4) Le Musée de Vendeuvre a présenté en juillet/août 1983 plusieurs maquettes de meubles réalisés par le Mobilier national. (5) Svend Eriksen. (6) Max H. von Freeden Halbband, p. 797.

MEUBLE D'ENTRE-DEUX
Epoque Louis XV
Marqueterie de bois de rose, sycomore teinté, bois de violette
H. 23 cm ; L. 19 cm ; Pr. 13 cm
Meuble ouvrant à une porte. Toutes les parties sont bombées.

destinés à être présentés comme maquettes à cette illustre famille.

Pendant la deuxième moitié du XVIIe siècle, un fabricant de poêles à Winterthur créait un petit modèle de poêle en faïence au goût du client qui lui passait commande, avec un décor individualisé, comportant les quatre couleurs traditionnelles (bleu, jaune, brun et vert).

Ce modèle trouvait sa place sur la table à écrire et servait ensuite d'encrier (1).

Tout au long du XIXe siècle, les différents corps de métiers ont exécuté ces maquettes à échelle réduite ; nous pouvons encore citer :

- une maquette de fontaine en plâtre (p. 15) avec son manteau en fausse pierre, un bassin ainsi qu'un décor représentant Neptune ailé, accosté de ses attributs : tridents, roseaux, dauphins...
- une cheminée en marbre (Musée de Vendeuvre) avec son manteau à rétrécissement ébrasé, sa tablette à bords arrondis et moulurés,
- un modèle de grille en fer forgé dont la partie supérieure présente un motif rayonnant composé de flèches (Musée Carnavalet),
- un projet de portail en fer forgé à double battant, muni d'une gâche et d'une serrure (p. 19).

(1) Heimatmuseum Lindengut, Winterthur (Canton de Zurich) "The Connoisseur" - Août 1965 - N°642.

FAUTEUIL, CHAISE, TABLE
Japon
XIXe siècle
Au dos de la chaise, armes des Tokugawa (trois feuilles de mauve dans un cercle)
Sycomore teinté
Fauteuil: H. 17,5 cm; L. 13 cm; Pr. 10cm
Chaise: H. 16 cm; L. 10cm; Pr. 12cm
Table: H. 16 cm; L. 17cm; Pr. 17cm
Table, fauteuil et chaise à décor de dragons et serpents exécutés dans le style de la Chine du Sud.

FONTAINE
Plâtre
H. 47 cm; L. 63cm; Pr. 20cm
Maquette.
Sous une voûte en cul de four intégrée dans un manteau de pierre, bassin engagé, au profil elliptique sinueux souligné d'une moulure d'oves. Masque de Neptune ailé, accosté de ses attributs: trident, roseaux, dauphin...

HORLOGE DE PARQUET
Hollande - XVIIIe siècle
Acajou clair, bronze doré
H. 60cm; L. 13cm; Pr. 10cm
Cage à fronton cintré. Porte à panneau mouluré cintré. Tiroir dans le soubassement renflé à pans coupés.

SECRÉTAIRE EN ARMOIRE
France - Epoque Louis XVI
Bois de rose, poirier teinté, frêne
H. 48,5cm; L. 31cm; Pr. 19cm
Secrétaire en armoire à pans coupés. Sous un tiroir supérieur, abattant ouvrant sur cinq tiroirs.
Deux vantaux inférieurs.

TRUMEAU
France - XVIIIe siècle
Bois peint, glace d'origine
H. 42cm; L. 23cm
Projet-modèle.
Entre les montants peints de chutes de fleurs retenues par des nœuds de ruban, tableau de Jean-Antoine Berinzago représentant un dindon face à une nature morte aux fruits sur fond d'architecture et jardin à l'italienne.

DESSERTE
France - Epoque Louis XVI
Acajou, cuivre, marbre blanc
H. 29cm; L. 46cm; Pr. 15cm
Corps central à dessus de marbre à ressauts, tiroir en ceinture et deux portes. Deux encoignures à dessus de marbre également. Un filet de cuivre, unique élément de décor, souligne la structure très claire de ce meuble posant sur six pieds en toupie cannelés.

SERVITEUR MUET
France - XIXe siècle
Merisier, noyer, ébène
H. 19cm; ∅ 16cm
Deux plateaux ronds inégaux, décorés de motifs en étoiles plaqués, et reliés par un balustre.
Pied posant sur une base tripode.

PARAVENT
France - XIXe siècle
Noyer, velours
Quatre feuilles de
H. 33cm; L. 13,5cm
Paravent à quatre feuilles, décoré de moulures, ayant appartenu à Marcel Proust.

PORTAIL
XIXe siècle
Fer forgé
H. 39 cm ; L. 40 cm ; Pr. 12 cm
Portail à double battant, muni d'une gâche et d'une serrure.

Ces petits modèles pouvaient avoir une vocation plus générale et servir d'exemple pour être présentés à la clientèle.

Un compagnon fabricant de meubles, Philipp Hainhofer, exécute en 1615 de petits modèles pour attirer les clients et offre à Ferdinand von Köln un modèle de lit et table pour montrer ses nouveautés. Les modèles de Hainhofer étaient articulés, nous trouvons des exemples de lits pouvant se replier ou s'emboîter, ils étaient ainsi plus faciles à transporter.

Un autre modèle est ce piano quart de queue, portant la marque Erard (ci-dessous) ; en effet ce fabricant attachait une grande importance à l'aspect décoratif de ses réalisations, d'où cette maquette pour donner l'idée du volume.

Certains ébénistes disposaient chez les marchands-merciers des petits meubles comme échantillon de leur fabrication. Par exemple ce modèle de desserte hollandaise du XVIIIe siècle (p. 20) présente un plateau supérieur en abattant, contenant des tablettes mobiles servant de supports pour les timbales et les verres. De chaque côté de la cuvette centrale, une tablette coulissante se tire en deux parties, offrant ainsi une appréciable surface supplémentaire. Dans la base, deux tiroirs et rideaux coulissants ouvrant sur une étagère pour le rangement ; on remarquera l'aspect très fonctionnel de ce modèle.

Au Palais Pitti à Florence, nous trouvons un fauteuil d'époque Restauration, en bois sculpté doré (hauteur 44,5 cm). Il s'agit d'un modèle de présentation avec deux variantes : soit un bras incurvé avec un riche décor floral, soit un bras tubulaire soutenu par un cygne.

En Angleterre, Sir Ambrose Heal nous indique que Chippendale présentait dans son propre magasin, allée Saint-Martin, de petits meubles comme modèles : «cela était plus pratique et économisait de l'espace».

Certains modèles de présentation, comme le lit «à la Dauphine» d'époque Louis XVI (p. 18) avec ses arceaux, son baldaquin et ses quatre roulettes en retrait, sont articulés exactement comme des meubles grandeur nature, pour pouvoir présenter au client les pièces détachées et le système de montage.

A partir de la seconde moitié du XIXe siècle, aux commandes individualisées succèdent les fabrications en série et ces petits modèles pouvaient être les prototypes de meubles fabriqués en grande quantité. Ils pouvaient même être une sorte de brevet comme

**LIT
A LA DAUPHINE**
France
Epoque Louis XVI
Bois peint et sculpté, garniture de soie
H. 116 cm ; L. 72 cm ; Pr. 45 cm
Modèle.
Arceaux formant le baldaquin surmonté de trois plumets, réunis en rosace centrale sculptée.
Deux dossiers et quatre pieds droits cannelés.
Quatre roulettes en retrait, d'époque.

**PIANO QUART
DE QUEUE**
Paris
XIXe siècle
Marque Erard, Paris
Chêne, ivoire
H. 13 cm ; L. 18,5 cm ; Pr. 23,5 cm
Modèle.

DESSERTE
Hollande
Fin XVIIIe siècle
Merisier, ébène, acajou
H. 32 cm ; L. 34 cm ; Pr. 16,5 cm
Modèle.
Desserte à pans coupés cannelés. Plateau supérieur en abattant, contenant des tablettes mobiles servant de supports pour les timbales et les verres. De chaque côté de la cuvette centrale, une tablette coulissante se tire en deux parties, offrant ainsi une appréciable surface supplémentaire. Dans la base, deux tiroirs et rideaux coulissants ouvrant sur une étagère pour le rangement. Pieds cannelés, en oblique.

FAUTEUIL
France
Style Louis XIII
Buis, garniture de tapisserie
H. 30 cm ; L. 13,5 cm ; Pr. 8,5 cm
Haut dossier plan cintré dans le haut. Accotoirs, consoles, pieds, entrejambe et traverse tournés en balustres.

FAUTEUIL
France
Style Louis XIII
Noyer
H. 33 cm ; L. 14 cm ; Pr. 11 cm
Haut dossier plan. Accotoirs incurvés. Supports d'accotoirs, pieds posant sur boules et entrejambe en H, tournés en balustres.

COMMODE-VITRINE
Hollande
XVIIIe siècle
Placage de loupe de noyer
H. 69 cm ; L. 45 cm ; Pr. 22 cm
Meuble à deux corps : au-dessus vitrine foncée de glace. Cartouche sculpté d'une fleur. Trois tiroirs inférieurs. Pieds sculptés en griffes.

LAVABO DE BATEAU
Angleterre
XIXe siècle
Acajou, céramique
H., 44,5 cm; L. 16,5cm; Pr. 8cm
Maquette.
Sous le tiroir supérieur de rangement, réservoir d'eau.
Abattant central ouvrant sur le lavabo et son robinet.
Réservoir de tôle pour l'eau usée, derrière la porte inférieure.

ce modèle de lavabo de bateau (ci-contre), on y trouve tous les détails pratiques, depuis le réservoir d'eau jusqu'au lavabo en faïence avec robinet, ainsi que le réservoir en tôle pour l'eau usée, qui permettent de mieux expliquer le fonctionnement.

L'échange des idées, l'amélioration des moyens de communication permettaient de commander à distance des meubles ou objets qui faisaient la réputation d'une ville ou d'une région. C'est ainsi que des ébénistes français envoyaient à l'étranger des échantillons de leur production.

Dans un catalogue édité par un magasin de Nuremberg, appartenant à G.H. Bestelmeir et daté de 1810, on signale que l'on peut se procurer des petits meubles réduits comme modèle. Ceci était destiné à la clientèle lointaine qui ne pouvait venir sur place (on y trouve toute une gamme de meubles); au préalable le client recevait la revue des petits meubles avec les prix, puis s'il le désirait il demandait un modèle pour mieux juger de l'effet.

Ainsi sous forme de modèles réduits, les ébénistes présentaient un échantillonnage de leur production. On choisissait les formes, les différents dessins de marqueterie, les bois exotiques selon les disponibilités du moment, les prix, etc. Etant donné la taille réduite de ces modèles, on imagine l'ébéniste se déplaçant avec ses maquettes pour présenter à domicile, en ville ou dans les châteaux, quelques exemples de sa production.

Enfin dans nos provinces, les menuisiers d'autrefois n'avaient pas toujours un atelier fixe. Ils s'installaient avec leurs outils et leurs modèles de taille réduite chez leurs clients, pour exécuter le coffre, l'armoire de mariage ou la commode, souvent meuble choisi en fonction du petit modèle proposé, et ce à partir des bois soigneusement coupés, séchés, débités par le client.

De nos jours, l'expérience faite par M. Fernand Malléa, fabricant et vendeur de meubles en 1936 à Constantine, mérite d'être signalée:
«L'idée nouvelle, ce fut d'aller trouver le public là où il était, de solliciter cette éventuelle clientèle en se rendant à demeure, non seulement dans les villes, mais dans les localités les plus isolées. C'est pourquoi je décidai de concevoir un «auto-magasin». Il devait présenter dans les moindres détails tous les modèles proposés dans nos magasins, mais miniatures, réduits au cinquième des dimensions de fabrication. J'avais décidé de supprimer le catalogue, mensonger par l'image qui enjolive et trompe l'œil, pour laisser au

FAUTEUIL
France
Epoque Louis XV
Noyer, garniture de tapisserie
H. 30cm; L. 17,5cm; Pr. 16cm

Fauteuil «à la Reine», au dossier sommé de rose. Bras droits à manchettes, prolongés par des consoles en volutes nervurées joignant la ceinture ornée de fleurettes, en retrait des pieds antérieurs. Ceux-ci, cambrés en S, portent des fleurs en leur sommet et des feuilles d'acanthe à la base.

CHAISE (d'une paire)
XIXe siècle
Noyer, garniture en cuir de Cordoue
H. 28 cm ; L. 12 cm ; Pr. 11,5 cm

FAUTEUIL DE MALADE
France
Epoque Louis XIV
Noyer, garniture de velours vert
H. 25 cm ; L. 13 cm ; Pr. 14 cm
Modèle.
Fauteuil «en confessionnal», muni d'un système de crémaillères permettant sa transformation en lit de repos.

BUREAU
France
XVIIe siècle
Frêne, noyer, filets d'ébène, argent
H. 28,5 cm ; L. 37,7 cm ; Pr. 21,6 cm
Bureau marqueté de filets et losanges, posant sur huit pieds balustres réunis quatre par quatre par des entrejambes en X, et muni de deux séries de tiroirs de part et d'autre de «l'armoire».

client le soin d'apprécier lui-même la marchandise au vu de la présentation à domicile, sa qualité et son prix. L'auto-magasin comprenait une salle à manger, une chambre à coucher, des fauteuils en tissu, en rotin ou en cuir, des chaises cannées, dessus bois ou paillé, des voitures d'enfant, des chaises transformables, des lits et des canapés-lits, des bureaux, des classeurs, de la miroiterie, etc., en un mot tout ce que l'ameublement peut comporter»; (une chaise: 28cm de haut, un buffet: 40cm de haut)(1).

Pour sa première sortie, le 28 octobre 1934, l'auto-magasin avec ses petits meubles déclencha un embouteillage monstre dans Alger et M. Malléa fut totalement débordé par les commandes!

Bien mieux qu'un dessin, un petit modèle permet d'expliquer le mouvement, en particulier ces meubles à transformations qui furent le triomphe du XVIIIe siècle.

Dans le Musée d'Augsbourg, il existe un lit de malade à transformation; un mécanisme avec une manivelle sert à diviser la partie où l'on se couche en trois parties inclinables. Ce prototype a été fabriqué à Augsbourg au XVIe siècle et mesure 16 × 31 × 18 cm. Dans ce même musée, nous pouvons voir un fauteuil roulant de malade du début du XVIIIe siècle provenant d'Allemagne du Sud. Il comporte deux grandes roues et une petite roue à l'arrière qui tourne autour d'un axe. Ce modèle-brevet mesure 24 × 35,5 × 22cm.

(1) Fernand Malléa, «Mémoires, souvenirs et révélations d'un pied-noir», 1982.

Un autre fauteuil de malade d'époque Louis XIV (p. 25) est muni d'un système à crémaillères pour incliner le dossier, tandis que le siège se déplie pour former lit de repos.

Toujours dans le domaine des sièges à transformations, ces deux tabourets de musicien d'époque Louis XVI (ci-dessous) représentent un des exemples les plus subtils de ces modèles. Munis chacun d'un mécanisme permettant d'élever le plateau du siège à la hauteur voulue, ils sont sculptés de motifs différents, pour permettre au client de choisir l'ornementation à son goût.

C'est dans les meubles à transformations que l'ingéniosité des artisans a produit les créations les plus originales et subtiles pour satisfaire le goût du confort de clients particulièrement raffinés.

Le Musée national de Bavière à Munich possède un modèle de secrétaire à culbute (France, vers 1760, de 33 × 25,5 × 15,5cm); c'est un meuble modèle à transformations qui a servi à présenter ce nouveau type de meuble à mécanisme(1).

Enfin citons cette table à jeu, dont le plateau se déplie en trois parties (p. 28), un mécanisme permet le pivotement du plateau et l'écartement simultané des pieds.

La qualité de ces petits modèles est parfois si grande qu'il est difficile de différencier certains modèles et les chefs-d'œuvre de maîtrise.

(1) Roubo, «L'Art du Menuisier», 1770 - Pl. 265 - S. de Plas, «Les Meubles à transformations et à secrets», Paris, 1975 - p. 38 et 40.

PAIRE DE TABOURETS DE MUSICIENS
Epoque Louis XVI
Hêtre, garniture de soie rebrodée
H. 23 cm; L. 20,4cm; Pr. 20,4cm
Modèles offrant au client la possibilité de choisir entre différents motifs sculptés.
Tabourets à transformations, munis chacun d'un mécanisme permettant d'élever le plateau du siège à la hauteur voulue. Tous deux sont ceinturés d'entrelacs interrompus par les dés de raccordement à rosace, et d'une moulure de raies de cœur.
Les pieds sont droits ou hélicoïdaux, tous à rudentures.

TABLE DE TOILETTE

France
Epoque Louis XVI
Acajou
H. 27 cm ; L. 47 cm ; Pr. 27,2 cm

Modèle.

Miroir pivotant entre deux casiers. En ceinture, une tirette et trois tiroirs inférieurs. Les entrées de serrures, en demi-couronnes de laurier enrubannées et deux médaillons latéraux en porcelaine, constituent le décor de la façade aux montants cannelés. Pieds fuselés.

COMMODE

Epoque Charles X
Marqueterie acajou, citronnier et divers
H. 30 cm ; L. 37 cm ; Pr. 18 cm

Trois grands tiroirs et deux petits tiroirs multiples, jeux de marqueterie de forme géométrique.

BONHEUR-DU-JOUR

France
Epoque Louis XVI
Acajou de Cuba, acajou flammé, marbre
H. 40 cm ; L. 40,5 cm ; Pr. 21,5 cm

Corps supérieur à dessus de marbre ceinturé d'une galerie, ouvrant à deux portes garnies de miroirs. Entrées de serrures ornées de nœuds de ruban.

Dans le bas, cinq tiroirs à simple anneau de tirage. Pieds fuselés, aux sabots en toupie.

HARPE

France
XVIIIe siècle
Bois doré
H. 25 cm ; L. 12,5 cm ; Pr. 15 cm

Modèle.

Harpe au bras cannelé sculpté de palmettes, feuilles et draperies.

Sous la caisse de résonance bordée de feuilles de lierre, une case contient une clé permettant de tendre les cordes.

SECRÉTAIRE-COMMODE
France
Epoque Louis XVI
Merisier, placage de noyer, citronnier et ébène
H. 28 cm; L. 31 cm; Pr. 15 cm
Abattant ouvrant sur un casier secret et de petits tiroirs. Deux tiroirs inférieurs.

BILLARD
France
Epoque Restauration
Acajou, citronnier
H. 10,7 cm; L. 41 cm; Pr. 21,5 cm
Plateau de drap vert posant sur une ceinture concave. Six pieds en toupie.

BIBLIOTHÈQUE
Angleterre
XIXe siècle
Acajou
H. 29 cm; L. 15 cm; Pr. 15 cm
Bibliothèque carrée tournante. Trois étagères surmontées d'un plateau, réunis par des supports.

HORLOGE DE PARQUET
Deuxième quart du XIXe siècle
Loupe de frêne, cuivre
H. 39 cm; L. 12,5 cm; Pr. 10 cm
Cage à fronton brisé interrompu par un motif sphérique répété latéralement. Cadran rond flanqué de colonnettes. Dans le fût, une porte cintrée.

TABLE À JEU
France
XIXe siècle
Acajou
Table ouverte:
H. 15 cm; L. 25 cm; Pr. 25 cm
Table fermée:
H. 17 cm; L. 25 cm; Pr. 8 cm
Modèle.
Table à transformations. Plateau rectangulaire, à dessus en cuir, se repliant en trois parties et pivotant grâce à un mécanisme.
Quatre pieds en balustres.

FAUTEUIL
France
Epoque Restauration
Acajou, garniture de soie brochée
H. 23 cm; L. 14 cm; Pr. 14 cm
Modèle.
Crête du dossier droit en fronton. Les sommets ornés de raies de cœur des pieds antérieurs s'élèvent audessus de la ceinture, et, fusionnent avec les extrémités palmées des accotoirs cannelés.
Quatre pieds en sabre.

SECRÉTAIRE EN ARMOIRE
France
Epoque Transition
Bois de rose, bois de violette, poirier teinté, acajou, noyer, buis, ivoire, amarante
H. 39 cm; L. 31 cm; Pr. 14,5 cm
Chef-d'œuvre de maîtrise. Ce secrétaire à abattant, premier meuble de la collection Vendeuvre, porte un riche décor de marqueterie:
Sur le plan supérieur, armes de France et fleurs.
Sur les côtés urnes et fleurs.
L'abattant illustre *Le renard et la cigogne* de La Fontaine et les vantaux inférieurs portent des attributs de jardinage et de musique. L'abattant, garni à l'intérieur de velours bleu frappé, ouvre sur des casiers et tiroirs. Serrures très ouvragées et finement gravées.

LES CHEFS-D'ŒUVRE DE MAÎTRISE ET DE COMPAGNONS

Le chef d'œuvre de maîtrise symbolise aux yeux du public l'ensemble des meubles et objets miniatures et pourtant ne représente, en quantité, qu'une faible partie du mobilier miniature, essentiellement constituée de chefs-d'œuvre de compagnonnage exécutés depuis la fin du XVIIIe siècle.

Ces chefs-d'œuvre sont liés à l'organisation des métiers en Europe depuis le Moyen Age : étape indispensable pour passer maître dans les corporations, ou travail de réception pour devenir compagnon. Ces chefs-d'œuvre ont en commun leur virtuosité, leur qualité d'exécution sous une apparente simplicité. L'éthique du chef-d'œuvre est résumée dans une phrase de Quintilien au Ier siècle : «La perfection en art, c'est de ne pas laisser voir l'art.»

Le respect général pour les travaux manuels, au Moyen Age, l'importance de l'encadrement religieux, les difficultés matérielles et l'instabilité politique incitaient les métiers à s'organiser en associations, dont les noms ont varié : fraternités, charités, confréries, collèges, hanses, guildes... Ces communautés qui ont contribué à l'équilibre médiéval prirent le relais des petits ateliers domaniaux constitués autour des cours, châteaux ou abbayes.

A partir du XVIe siècle, la mutation de l'ameublement provoque la création de nouveaux métiers. Au mobilier itinérant, solide, succède le mobilier sédentaire, plus fragile et plus spécialisé. Aux chênes et noyers sculptés, succèdent les placages d'essences rares ou exotiques, avec intégration d'ivoire, argent, pierres dures ou métal. Les métiers correspondant à l'essor de ces arts décoratifs au XVIIe siècle adoptent des structures corporatistes, avec obligation de chef-d'œuvre pour tout candidat à la maîtrise.

En règle générale, il faut donc pour acquérir la maîtrise une formation complète, commençant par un apprentissage (six ans environ) suivi par un temps de compagnonnage (trois ans environ pour les Parisiens). A l'issue de ce cycle, le jeune homme qui a environ entre 21 et 24 ans, acquitte les droits d'admission, présente un chef-d'œuvre devant un jury composé du directeur de la Jurande et de six jurés désignés parmi les maîtres ayant plus de dix ans de maîtrise. Les étrangers n'ayant pas suivi leur apprentissage chez un maître parisien étaient tenus à un chef-d'œuvre du «double fort». Chaque ville de province a sa réglementation propre concernant l'élaboration du chef-d'œuvre. Les sujets du chef-d'œuvre sont tantôt proposés par le candidat, tantôt imposés par le Jury.

A partir de 1751, les menuisiers et ébénistes en meuble forment un seul corps. Ils sont dotés de statuts uniques. Leur maison corporative commune, d'abord établie quai de la Ménagerie, est transférée rue de la Mortellerie, près de l'Hôtel-de-Ville, puis place Saint-Gervais ; l'obligation du chef-d'œuvre est maintenue.

Les structures hiérarchisées, parfois rigides, de la corporation ont pour but de maintenir un haut niveau de qualité et la transmission des secrets. Citons un exemple de chef-d'œuvre de maîtrise : un petit secrétaire Transition (p. 30) qui allie l'équilibre de sa structure à la qualité de la marqueterie ; même les serrures sont finement gravées.

Toutefois, dans la pratique, ces chefs-d'œuvre en miniature sont rarissimes en France au XVIIIe siècle pour plusieurs raisons :

— Les chefs-d'œuvre présentés étaient souvent grandeur nature ; Georg Haupt, fameux ébéniste suédois, entreprit, sur ses propres dessins, un important bureau, dédié au roi Adolphe-Frédéric, et présenta cette pièce comme chef-d'œuvre pour obtenir la maîtrise, qui lui fut conférée, avec les félicitations de ses juges, le 13 décembre 1770 (1).

— Peu à peu l'usage veut que les enfants ou gendres de maître soient dispensés du chef-d'œuvre, ce qui n'est pas négligeable à une époque où les métiers se transmettaient de père en fils ; d'ailleurs la réglementation en cours interdit à chaque maître d'avoir dans son atelier plus d'un apprenti étranger à sa famille.

— Le nombre de maîtres reste fixe (de 1723 à 1789, pas un poste nouveau n'est créé). La maîtrise n'est donc obtenue qu'en remplacement d'un poste devenu vacant par le décès ou la retraite d'un titulaire.

— Un certain nombre d'ébénistes ou menuisiers travaillent hors du circuit des corporations et ne sont donc pas soumis à l'épreuve du chef-d'œuvre :

- les artisans sous privilège royal, logés dans des bâtiments royaux (le Louvre, les Gobelins, l'Arsenal) travaillant selon des normes spéciales (Boulle, Oeben, Riesener),
- certains ébénistes suivant la Cour, bénéficiant d'un brevet du roi (Bernard, Baumhauer),
- les bénéficiaires de nominations exceptionnelles (1725 : à l'occasion de son mariage, Louis XV crée six nouveaux maîtres),
- les ouvriers libres qui, en échange d'une redevance, jouissent d'une sorte d'exterritorialité dans des lieux précis, qui, par exemple, sont au XVIIIe siècle à Paris : l'Université, Saint-Jean-de-Latran, les Quinze-Vingts, le Temple et surtout le faubourg Saint-Antoine.

(2) «Les Ebénistes du XVIIIe siècle» - Comte de Salverte.

L'organisation professionnelle rigoureuse des métiers, tendant vers la concentration et les exceptions de plus en plus nombreuses à l'obligation du chef-d'œuvre de maîtrise font que les chefs-d'œuvre de maîtrise *stricto sensu*, à échelle réduite, sont très exceptionnels à Paris, et on peut se demander si les seuls exemples qui existent n'ont pas été exécutés en province !

Kocke fit six petites armoires façonnées en acajou clair et parées de bronzes à rocailles. Sur présentation de ce chef-d'œuvre, il fut reçu dans la communauté des menuisiers français de Strasbourg le 19 janvier 1741 (1).

François de Paule-Joseph Kaeshammer acquit la maîtrise le 3 janvier 1771 ; il présenta pour sa réception un coffret dans la forme d'un petit sarcophage, en bois de cerisier, finement sculpté à décor de perles,

(1) «Les Ebénistes du XVIIIe siècle» - Comte de Salverte.

BUREAU À CYLINDRE
France
Style Louis XVI
Bois de rose, bois de violette, poirier teinté, noyer, sycomore, buis
H. 40,5 cm ; L. 43 cm ; Pr. 26 cm
Bureau à cylindre ouvrant sur une tablette à écrire et deux tiroirs.
Tiroir inférieur. Décor marqueté de fleurs sur toutes les faces, et d'un trophée de musique sur le cylindre.
Entrées de serrures ornées de nœuds de rubans.
Pieds en gaine, aux sabots quadrangulaires.

CABINET
Allemagne
XIXe siècle
Laiton doré et gravé
H. 46 cm ; L. 29 cm ; Pr. 7,5 cm
Chef-d'œuvre de maîtrise.
Sur le fronton, cartouche avec le monogramme T surmonté d'une couronne de Prince de Saint-Empire.

COMMODE
France
Epoque Louis XV
Bois gainé de cuir doré aux petits fers, bronze doré
H. 21,5 cm; L. 28 cm; Pr. 16,5 cm
Chef-d'œuvre de maîtrise de gainier-doreur sur cuir. Commode à deux tiroirs, gainée de cuir de toutes faces. Entrées de serrures, mains, chutes et sabots protégeant les pieds de biche sont de style rocaille.

postes, tores de lauriers et cordons de sequins. L'une des faces porte les armes de France et l'image de sainte Anne, patronne des menuisiers. Sur le côté opposé se lit l'inscription suivante: «Boete de la Communauté des Maîtres Menuisiers français de la ville de Strasbourg, agréé par Mrs les XV (1). Fait pour chef-d'œuvre et donné pour présent à ladite maîtrise par François de Paule-Joseph Kaeshammer, l'an MDCCLXXI (2).»
Chef-d'œuvre de gainerie: une commode de cuir d'époque Louis XV avec un décor doré au petit fer sur toutes ses faces (ci-dessous).

Chef-d'œuvre de faïencier : cette pendule à parquet fabriquée à Lille, au XVIIIe siècle, cuite en une seule pièce, peinte d'un décor de paysages et d'arabesques (ci-contre).

La loi d'Alarde, le 16 mars 1791, abolit tout le système corporatif. Le système de la formation professionnelle étant modifié, la condition du chef-d'œuvre de maîtrise tombe d'elle-même.

Parallèlement aux corporations, existaient — depuis le Moyen Age — des associations assurant le soutien du monde ouvrier. Réduites souvent à la clandestinité, ces associations ont eu un rôle important dans la formation et la promotion sociale, indépendamment de la défense des intérêts matériels. Le compagnonnage, terme générique qui date du XIXe siècle, regroupe ces associations ouvrières qui, à partir du XIVe siècle, se distinguèrent des corporations patronales. En effet, dès la fin du Moyen Age, les corporations patronales devinrent moins accessibles aux compagnons et valets. Initialement «réglées», elles devinrent sous la Renaissance corporations «jurées» ou jurandes, c'est-à-dire plus facilement contrôlées par le pouvoir royal. Cette évolution, accentuant le caractère fermé de ces corporations, contribua au développement du compagnonnage.

(1) On désignait ainsi les quinze plus anciens maîtres qui formaient le bureau de la communauté - (2) «Les Ebénistes du XVIIIe siècle» - Comte de Salverte.

FAUTEUIL
France
Style Louis XVI
Hêtre, garniture de velours
H. 46,5 cm ; L. 31 cm ; Pr. 25 cm
Fauteuil en cabriolet. Dossier en médaillon bordé d'un ruban tournant aboutissant au sommet en un nœud sculpté. Bras droits à feuilles d'acanthe, munis de manchettes. Consoles d'accotoirs à feuilles d'acanthe, incurvées dans le prolongement des pieds antérieurs droits cannelés, par l'intermédiaire de dés de raccordement ornés de rosaces. Ceinture moulurée d'une course de ruban. Pieds postérieurs cannelés, obliques.

HORLOGE DE PARQUET
Fin du XVIIIe siècle
Datée 1725, sur le cadran
Faïence de Lille
H. 58,5 cm ; L. 21 cm ; Pr. 11 cm
Cadran flanqué de deux colonnettes détachées, encastré dans une cage dominée par un fronton à volutes supérieures surmontées par trois vases-urnes. Fût et base renflée décorés de personnages et de paysages. Pieds antérieurs en boules aplaties.

RAMPE
Fer forgé, bronze doré
H. 50,5 cm ; Ø 14 cm
Chef-d'œuvre de maîtrise.

COMMODE
France
Epoque Louis XV
Placage de noyer et loupe de noyer
H. 27,5 cm ; L. 39 cm ; Pr. 24 cm
Commode à façade galbée et trois rangs de tiroirs. Poignées, chutes et sabots rocaille, tout comme le cartouche du tablier dont les entrées de serrures rappellent la forme.

Certes, les associations de compagnons furent prohibées par différents Conciles au XIIIe siècle et par des édits royaux aux XVe, XVIe et XVIIe siècles ; mais mal admises à la fois par l'Eglise et l'Etat, elles continuèrent à prospérer secrètement, leur essor étant surtout limité par les luttes entre associations rivales.

Le 14 juin 1791, la loi le Chapelier interdisait le compagnonnage. Une longue tradition de clandestinité a permis de survivre en dépit de cette loi qui, au nom de la liberté, refusait aux ouvriers le droit de s'unir. Le Code Napoléon interdit aussi bien les coalitions patronales que les coalitions ouvrières, en partie pour éviter les luttes fratricides entre associations. Avec la Restauration, le compagnonnage est un refuge pour le prolétariat contre toutes les épreuves de la vie ; mais face à un libéralisme parfois anarchique, les structures des associations sont mal adaptées pour répondre aux besoins des jeunes et incapables de mettre un terme aux luttes fratricides entre associations concurrentes.

L'introduction de la machine perturbe les liens harmonieux qui existaient depuis le Moyen Age entre l'art et le métier. Ne disait-on pas que fabriquer un

COMMODE
Bresse
XVIIIe siècle
Merisier, chêne, noyer, loupe d'orme et sycomore
H. 31,5 cm ; L. 48 cm ; Pr. 21 cm
Commode à trois tiroirs, à ressaut central marqueté de motifs de quatre-feuilles. Tablier bas à profil sinueux en double arbalète.
Montants arrondis à panneaux cintrés dans le haut et quatre angles droits. Sur chaque tiroir, deux poignées inscrites dans des dessins quadrilobés, marquetés.
Pieds courts et cambrés.

PAIRE DE CHAISES
Venise
XIXe siècle
Bois peint et stuqué
H. 30 cm ; L. 15,5 cm ; Pr. 15 cm
Dossier en forme de lyre. Traverse centrale composée d'un jeu de volutes en C, affrontées ou opposées. Ceinture et pieds galbés ornés de motifs floraux polychromes.

COMMODE
France
Style Louis XV
Bois de rose, poirier teinté, noyer, buis
H. 23,5 cm ; L. 41 cm ; Pr. 20 cm
Commode à deux tiroirs sans traverse, ornée de scènes de fables de La Fontaine : *Le meunier, son fils et l'âne ; Les grenouilles qui demandent un roi ; Le coq et la perle.* Sur les côtés, décor d'un chien avec des oiseaux.
Sur le plateau : *Le loup et le renard.*

BONHEUR-DU-JOUR
Style Louis XV
Placage de bois de rose, bois de violette, satiné et filets de buis
H. 24 cm ; L. 17,5 cm ; Pr. 11,5 cm
Le corps supérieur, légèrement galbé, de ce «bureau de dame à gradin», est en forme de petite bibliothèque, fermant à deux rideaux coulissants articulés par de fines lattes verticales, au-dessus de deux tiroirs. Tablette-écritoire, se tirant et se repliant. Pieds galbés, ornés de chutes et sabots en applique.

GUÉRIDON
Louis XVI
Bois de rose et divers
H. 16 cm - Ø 18 cm
Pieds gaines à queue de billard. Le plateau se soulève, formant vitrine.

TABLE DE TOILETTE
Russie
Epoque Empire
Loupe d'orme, bronze
H. 68,5 cm; L. 31 cm; Pr. 15,5 cm

Table à dessus de marbre, munie d'un tiroir antérieur et de deux tiroirs latéraux plus petits. Dans un cadre quadrangulaire, glace mobile cintrée aux montants surmontés de bustes de Minerve au casque ailé, en gaines.
Deux colonnettes lisses forment les pieds antérieurs.

ESCALIER
Angers
Daté 1897
Estampillé Pinon
Noyer et chêne
H. 63 cm; L. 33,5 cm; Pr. 34 cm

Chef-d'œuvre de compagnonnage.
Escalier en vis, de forme octogonale, à trois glands.

TOUR DE NACRIER
Paris
Vers 1820
Estampillé Pierre Mouhé (sculpteur de nacre-tabletier), à Paris, rue du Bourg-l'Abbé, n°11
Nacre, ivoire
H. 30 cm; L. 30 cm; Pr. 10 cm

Chef-d'œuvre de maîtrise.
Miniaturisation d'un tour à polir la nacre, orné d'un dauphin et d'un lévrier sculptés.

soulier était un métier de sculpteur. En 1799, l'invention de la scie circulaire, puis en 1846 de la scie sans fin, permettent un débit très accéléré du bois. Le triomphe du machinisme sous le Second Empire nécessite une main-d'œuvre abondante et non qualifiée. Sur les 420000 ouvriers des années 1860, il n'y a plus que 20000 apprentis et le compagnonnage d'essence élitiste est supplanté par les syndicats dans la défense du monde ouvrier.

De nos jours, le prolongement des études, la nécessité d'une spécialisation, une certaine revalorisation des métiers manuels favorisent le retour du compagnonnage; le compagnonnage n'en reste pas moins une discipline réservée à une élite ouvrière. Très représentatifs de cette tradition de qualité et de fraternité, les Meilleurs Ouvriers de France sont choisis depuis 1924 parmi les artisans de tous les métiers, qui ont réalisé une œuvre imposée, dans des conditions définies régionalement et nationalement.

«Part du sublime dans la condition du travailleur», le chef-d'œuvre associe la tête et la main pour domestiquer la matière et vaincre les difficultés techniques sans qu'il paraisse: «un chef-d'œuvre peut en cacher un autre».

Chaque aspirant compagnon présente un chef-d'œuvre de réception, à l'issue d'un tour de France, au cours duquel il s'est initié aux différentes techniques propres à chaque région. Ce chef-d'œuvre de réception est examiné par un jury qui tient compte de la formation du postulant, de sa valeur humaine, du nombre d'heures de travail, de la qualité et de l'originalité du chef-d'œuvre. Certains de ces chefs-d'œuvre sont signés, tel cet escalier construit par Jules Pinon (p. 40). La plupart sont anonymes, comme cette armoire du début du XIXe siècle (p. 43).

Ce chef-d'œuvre de marqueterie comporte un décor sur toutes les faces et également à l'intérieur, avec un mécanisme de fermeture par poussoir pour éviter la présence d'un bouton extérieur sur la porte.

Le compagnon doit mettre en valeur son art, son métier et non pas sa personnalité, ce qui justifie l'anonymat de la plupart des chefs-d'œuvre. Nous connaissons heureusement l'histoire, fidèlement conservée par la famille, de certains chefs-d'œuvre: tel ce tour de nacrier (ci-dessous), merveilleusement conçu par Pierre Mouhé, spécialiste du travail sur nacre et ivoire au début du XIXe siècle. Outre ses grandes qualités esthétiques, ce tour de nacrier fonctionne comme un tour grandeur nature.

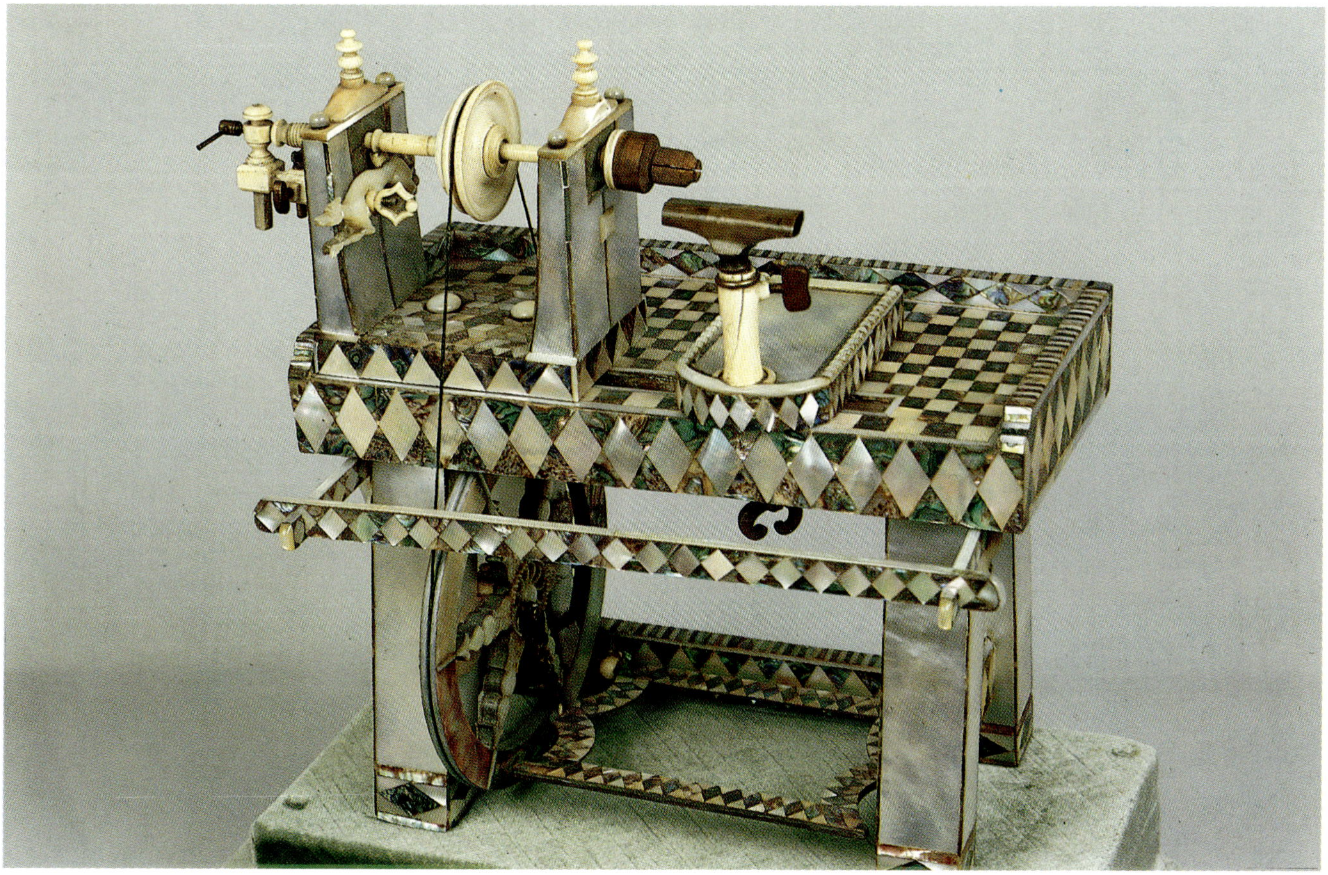

SECRÉTAIRE-COMMODE
France
Première moitié du XIXe siècle
Merisier
H. 35,5 cm; L. 40,5 cm; Pr. 20,5 cm
Cylindre ouvrant sur une tablette à écrire, quatre tiroirs et des casiers. Deux tiroirs inférieurs. Pieds en gaines.

TABLE «À L'ANGLAISE»
France
Epoque Louis-Philippe
Acajou
Table ouverte: H. 22 cm; L. 34 cm; Pr. 24,5 cm
Table fermée: H. 22 cm; L. 10 cm; Pr. 24,5 cm
Modèle?
Table posant sur quatre pieds en balustres cannelés, fixés deux par deux sur des traverses réunies par une entretoise tournée, également cannelée. Deux abattants au profil galbé, rabattus sur les côtés, se déplient et, appuyés chacun sur un pied supplémentaire fixé à une traverse pivotante, augmentent la surface de la table.

ARMOIRE
France
Vers 1830
Citronnier, ébène, palissandre, merisier
H. 44 cm; L. 32 cm; Pr. 17 cm
Sur un socle à ressaut posant sur quatre pieds en griffes, armoire ouvrant à une porte, flanquée de deux colonnettes galbées détachées. Marquetée sur toutes ses faces de rinceaux et de fleurs, elle porte, sur son vantail, un motif de vase antique. Mécanisme à l'intérieur.

VITRINE
Hollande
Fin XVIIIe siècle
Lettres P.R. entrelacées, dans un médaillon ovale marqueté, au fronton
Bois de rose, loupe de noyer, poirier teinté, buis, acajou
H. 33 cm; L. 18 cm; Pr. 16 cm
Vitrine à toit galbé supportant cinq vases-urnes en bois. A l'intérieur, série de bouteilles en porcelaine de Bayeux et de Chine.

LES DÉLASSEMENTS

A côté des chefs-d'œuvre exécutés pour passer maître ou être reçu compagnon, existent de nombreux travaux qui ont en commun leur caractère gratuit. Citons, tout d'abord, les chefs-d'œuvre de prestige, œuvres collectives destinées à mettre en valeur un métier ou à honorer une cayenne ou une ville. Ces travaux étaient un sujet de fierté et d'exemple pour les jeunes apprentis.

C'est ainsi que les Compagnons Passants Charpentiers Bons Drilles du Devoir de Paris exécutèrent, à partir de 1866, un grand chef-d'œuvre dit des Soubises. Plus de 200 compagnons collaborèrent à ce chef-d'œuvre, achevé en 1884 ; il fut exposé avec un très vif succès aux expositions de 1889, 1900 et 1937 à Paris. Ce chef-d'œuvre mesure 4,38 m de hauteur (1).

L'habileté des compagnons s'exerçait également dans les chefs-d'œuvre dits de reconnaissance, exécutés pour remercier une municipalité ou une personnalité. C'est ainsi que la ville de Lunéville offre en 1892 au président Sadi Carnot une vitrine représentant un intérieur de salle à manger avec tout le mobilier, un couvert en vermeil posé sur la table et surtout une importante vaisselle miniature en faïence réalisée par la manufacture de Lunéville (2).

On peut voir au Musée de Cappenberg, à Dortmund, un cabinet-armoire sur piètement réalisé à la fin du XVIIe siècle. Un décor de laque noir et or dans le goût chinois recouvre les portes du cabinet, le tout surmonté par une sculpture en épicéa, représentant un blason avec une couronne et les initiales S.C. Ce fut, en effet, un présent réalisé pour l'électrice Sophie-Charlotte de Hanovre (1684-1701).

(1) Cayenne des Compagnons Charpentiers du Devoir - Paris - 161, avenue Jean-Jaurès. (2) Collection particulière.

Les compagnons pouvaient également confectionner à l'intention de parents ou amis, comme gage d'affection, ce que l'on appelle des chefs-d'œuvre d'amitié. Ces travaux, souvent pleins d'humour, exprimaient à un niveau moins ambitieux l'originalité et pourtant le talent des compagnons ; par exemple la vitrine en marqueterie de la fin du XVIIIe siècle (ci-contre) comporte les initiales de la personne à laquelle elle fut offerte.

Vers le milieu du XVIIIe siècle le traditionnel coffret de courtoisie offert en Alsace par le fiancé à sa future épouse, pour y placer ses bijoux, est souvent remplacé par une commode miniature, appelée « commode de courtoisie ». Le Musée des Arts Décoratifs de Strasbourg expose une fort belle commode miniature réalisée vers 1760 ; cette commode est toute galbée et décorée d'une marqueterie de cubes (1).

A la fin de leur vie professionnelle, les artisans n'ont pas pour autant épuisé toute leur faculté de création. Disposant, au contraire, d'une habileté acquise, ayant le temps, ils exécutent les chefs-d'œuvre dont ils ont rêvé ; résumant une sorte d'œuvre testament, apportant la preuve de leur savoir-faire et de leur culture. C'est ainsi que le menuisier Victor Daoust, qui avait exercé son activité tout au long du XVIIIe siècle en Bourgogne, réalise à la fin de sa vie, en 1802, une très belle armoire miniature (p. 46) estampillée et datée. Ce petit meuble qui, dans le bandeau inférieur, comporte les instruments du menuisier sculptés dans la masse, et dans le bandeau supérieur des instruments scientifiques, symbolise avec brio tout le talent acquis par une longue vie professionnelle.

(1) « Les Meubles alsaciens » - Françoise Lévy-Coblentz.

ARMOIRE
Bourgogne
Datée 1802
Estampillée V. Daoust
Noyer
H. 67 cm; L. 48 cm; Pr. 26 cm
Sous une corniche mobile, fronton cintré sculpté d'emblèmes. Deux portes à moulures rocaille se rattachent à un pilastre central et ouvrent sur des étagères et deux tiroirs. Tiroir inférieur bordé de perlettes. Tablier sculpté dans la masse d'un trophée représentant les outils du menuisier: mètre, rabot, compas, serre-joint, maillet...
Pieds en escargot.

CHAISE
Flandre
XVIIIe siècle
Bois naturel, garniture de paille
H. 31 cm; L. 15 cm; Pr. 13 cm
Dossier à traverses ondulées, orné au sommet d'une coquille accostée de feuilles d'acanthe sculptées. Montants, pieds et traverses tournés en balustres, carrés pour les pieds antérieurs.

COMMODE
Tyrol
XVIIe siècle
Noyer, poirier noirci, buis, merisier
H. 22 cm; L. 25,5 cm; Pr. 12 cm
Commode à façade galbée et deux tiroirs. Décor marqueté de fleurs, oiseaux et autres animaux naïfs. Le pied central, en boule aplatie comme les autres, se dévisse et ouvre sur un casier secret.

Les sculptures de cette armoire illustrent la phrase de Proudhon : «Le moindre des métiers enferme en substance toute la métaphysique.» Ne dit-on pas que le compas symbolise la mesure et la justice, l'équerre évoque la rectitude et la sagesse, tandis que la lyre fait appel à l'inspiration poétique et au sens de la prophétie, et le caducée représente l'équilibre et la paix ?

Non seulement l'allongement de la durée de la vie, mais aussi le développement des loisirs et l'augmentation du temps libre favorisent la création de multiples ouvrages, dont les formes, les dimensions et la qualité sont très variables, allant du plus subtil au plus naïf. Souvent travaux d'amateurs, violons d'Ingres, réalisés avec toutes sortes de matériaux (bois, carton, cuir, etc.), ces petits meubles peuvent atteindre un haut niveau de qualité, résultat d'un nombre parfois très élevé d'heures de travail. Le Musée de Vendeuvre présente une chaire à prêcher, avec son abat-voix, signé Barbe. Ce dernier a précisé qu'il avait passé deux mille heures de travail pour réaliser ce chef-d'œuvre.

Entre autres métiers, les ouvriers faïenciers exécutaient, en dehors de leurs heures de travail, des pièces de forme pour leur plaisir personnel. Ils profitaient des feux plus doux le soir pour la cuisson de pièces présentant des difficultés techniques, par exemple cette armoire en faïence de l'Est (ci-contre).

Dans ces délassements, il ne faut pas négliger ce que l'on appelle les travaux de «coin de feu» réalisés au cours des veillées ou pendant les longues journées d'hiver, particulièrement à la campagne. De nombreux petits meubles rustiques régionaux (petits sièges, buffets, commodes) ont ainsi été sculptés, souvent avec des outils rudimentaires, et sont parfois fort anciens et pleins de saveur.

LIT
Alsace
XVIIIe siècle
Bois peint, papier collé
H. 35 cm ; L. 38 cm ; Pr. 24,5 cm
Quatre colonnes supportent un baldaquin. Tête de lit découpée et haute, comportant une petite étagère où poser — selon la confession — le livre de prières ou la Bible.

ARMOIRE
France
Début XVIIIe siècle
Acajou, palissandre
H. 52,5 cm ; L. 40 cm ; Pr. 20,5 cm
Sous une forte corniche, deux vantaux à panneaux asymétriques moulurés en creux. Tiroir inférieur à deux poignées mobiles fixées à deux quatre-feuilles composant, avec les fiches terminées en gland tourné, le seul décor en métal. Pieds cambrés.

COMMODE
France
XVIIIe siècle
Chêne, merisier
H. 31,5 cm ; L. 48 cm ; Pr. 26,5 cm
Commode à façade galbée. Trois rangs de tiroirs moulurés aux entrées de serrures ouvragées, entre des montants sculptés de fleurs de lys à la base. Panneaux latéraux cintrés à ressauts dans le haut. Pieds en griffes.

ARMOIRE
XIXe siècle
Blason armorié au fronton
Faïence de l'Est
H. 39 cm ; L. 26 cm ; Pr. 15 cm
Armoire à deux vantaux de forme chantournée, aux montants peints à l'imitation de troncs d'arbre.
Dans des compartiments, décor rocaille au naturel de personnages, fleurs et quadrillages. Deux étagères, fond de l'armoire et intérieurs des portes ornés de bouquets détachés.

PAIRE DE CHAISES
France
Style Louis XV
Noyer
H. 25 cm ; L. 12 cm ; Pr. 10 cm
Pour chacune de ces chaises moulurées : dossier de forme légèrement violonnée, à échancrure centrale, sculpté d'une fleurette dressée au sommet.
Fleurette sur la ceinture et fleur au sommet des pieds cambrés en S, terminés par un roquillard.

FAUTEUIL
France
Epoque Restauration
Acajou de Cuba
H. 50 cm ; L. 30 cm ; Pr. 28 cm
Chef-d'œuvre de maîtrise. Fauteuil de style Empire à tapisserie tissée d'abeilles et consoles d'accotoirs en cols de cygne nervurés.

SECRÉTAIRE EN ARMOIRE
France
Epoque Louis XVI
Acajou de Cuba, marbre (brèche d'Alep)
H. 79 cm; L. 53 cm; Pr. 29 cm
Modèle. Secrétaire à pans coupés.
Dessus de marbre à ressauts coupés. Tiroir sous la corniche. Deux vantaux inférieurs. Pieds antérieurs en oblique.

TABLE DE TOILETTE
France
Epoque Louis XVI
Bois de rose, buis, amarante, poirier noirci
H. 20,5 cm; L. 24,5 cm; Pr. 15 cm
Miroir pivotant entre deux casiers. Trois tiroirs et une tirette en ceinture. Sur toutes les faces, décor de cubes sans fond.
Pieds en gaine.

COMMODE À SECRET
Angleterre
XVIIIe siècle
Acajou, buis, ébène
H. 23,8 cm ; L. 28 cm ; Pr. 18 cm
Un secret dans la partie inférieure dégage partiellement le tiroir central. On y trouve la clé du tiroir supérieur qui donne sur un coffret contenant des flacons et un plateau en cristal gravé.

LES TRAVAUX DE TABLETTERIE

La forme extérieure d'un petit meuble peut cacher un objet usuel. Alliant le raffinement du décor à l'utilité pratique, ces travaux de tabletterie représentent une catégorie plus facilement identifiable que les autres dans le monde du mobilier miniature.

Citons d'abord les vaisseaux en argent placés au Haut Moyen Age au milieu de la table, on rangeait à l'intérieur serviette, sel ou contre-poison. Si ces objets d'orfèvrerie étaient rarissimes, par contre on trouve dès cette époque des modèles réduits de coffres, particulièrement en Europe centrale, communément appelés cassettes. Le Schweizerisches Landesmuseum à Zurich possède un petit coffre du XIIIe siècle en bois de pommier très sculpté, sur de hauts pieds; ces coffrets étaient souvent destinés à renfermer les lettres.

Un coffre-cassette fabriqué en Allemagne au XVe siècle en épicéa, tilleul et papier, comporte plusieurs épaisseurs de bois et de papier superposées et collées, avec à l'extérieur un très fin décor gothique sculpté. Ces cassettes étaient souvent fabriquées par des luthiers; en 1564, une somme très importante a été donnée à un luthier pour la fabrication d'une telle cassette. Le Musée de Zurich possède une cassette de ce type en érable sculpté et peint de la fin du XVe siècle.

Au XVIe siècle, Augsbourg et la région d'Innsbruck étaient les spécialistes de ces cassettes-boîtes à écrire. L'extérieur en marqueterie d'épicéa, noyer, érable teinté en vert, chêne, comportait une poignée et des ferrures d'angle en bronze doré. Le panneau avant s'ouvrait pour former écritoire et laissait apparaître à l'intérieur une série de tiroirs décorés de marqueterie (1).

(1) Cassette Inventaire n° 66/20 - Musée national de Bavière - Munich.

Selon les influences extérieures de l'Italie ou du Nord, des éléments d'étain, de nacre, d'albâtre ou d'ivoire étaient intégrés. Certaines cassettes plus simples étaient recouvertes de tissu ou de parchemin et pouvaient contenir des objets précieux. A partir du XVe siècle, certaines de ces cassettes comportaient des tiroirs secrets, comme cette commode-cassette du Tyrol, à décor d'oiseaux du XVIIe siècle; le pied central retiré débloque le tiroir inférieur, aménagé en plus avec un double fond. (p. 47).

En forme d'armoire ou de cabinet, de petits meubles apparaissent au XVIe siècle, avec à l'intérieur de petits tiroirs à l'imitation des meubles grandeur nature. De style hollandais, ce cabinet (p. 54) daté de 1571, en poirier noirci, renferme de minuscules tiroirs de rangement. Le Musée de Dortmund possède un cabinet sur piètement, en marqueterie, exécuté à la fin du XVIIe siècle en Saxe du Nord, avec également de nombreux petits tiroirs.

On peut voir au Musée national de Bavière à Munich, une armoire miniature, en épicéa, tilleul, bois doré et tissu, conçue au XVIIIe siècle à Eichstätt, pour contenir quatre bouteilles d'huile sainte et une petite cuiller; sous l'abattant une prière est inscrite que l'on doit réciter, lorsque l'on utilise cette huile. Au-dessus du tiroir qui contient ces éléments, deux portes s'ouvrent sur un petit autel: au milieu figure sainte Walpurgis entourée de broderie dorée. La Supérieure de ce couvent, Willibalda Schmittner, précise le 10 décembre 1830: «Il est indispensable de bien conserver cette huile sainte dans des objets précieux et bien exécutés.»

Egalement en forme d'armoire miniature étaient conçus des médailliers. Au XVIIe siècle, l'ébéniste

CHAIRE
France
XIXᵉ siècle
Bois fruitier
H. 38 cm ; L. 15 cm ; Pr. 7,5 cm
Chaire de style néo-gothique Troubadour, à coffre, sculptée de rosaces, ogives et fenestrages à orbe-voie. Dossier sommé d'une crête entre deux pinacles, et flanqué de colonnettes torses reprises en consoles sous les accotoirs droits.

BARGUEÑO
Espagne
XIXᵉ siècle
Chêne
H. 31 cm ; L. 22,5 cm ; Pr. 13 cm
Cabinet à poignées latérales fixées sur des parois sculptées. L'abattant ouvre sur onze tiroirs ornés de feuilles d'acanthe affrontées par paires de part et d'autre du bouton de tirage, et deux portes cintrées, flanquées de colonnettes torses aux spirales opposées. Pied formé par des spirales et des balustres, portant une arcature sur la traverse.

CABINET
Hollande
Daté 1571, sur la serrure
Ebène, ferrure de bronze
H. 21 cm ; L. 18 cm ; Pr. 12 cm
Cabinet à deux corps : casier supérieur à secret, et partie inférieure ouvrant à deux portes ornées de ferrures, sur sept tiroirs. Pieds en boules aplaties.

BANC
France
XIXᵉ siècle
Bois fruitier
H. 29 cm ; L. 32,5 cm ; Pr. 13 cm
Maquette de présentation. Chaire à coffre à deux ou trois places, représentative du style Troubadour, avec ses fenestrages à orbe-voie néo-gothiques, ses créneaux surmontant le dossier et ses accotoirs droits.

allemand Angermair (1618-1674) exécute pour l'empereur Maximilien une armoire à échelle réduite, sculptée dans le goût de la Renaissance. En ouvrant les deux portes, on découvre vingt-deux tiroirs incrustés de lapis et d'ivoire destinés au rangement des médailles; ce médaillier est le plus ancien connu. Un autre médaillier en forme d'armoire, exécuté à Würzburg vers 1760 (hauteur 50cm), comporte à l'intérieur treize tablettes pour ranger les médailles (1).

Les médailliers peuvent aussi prendre la forme de petites commodes. La Collection d'Etat des Médailles à Munich possède une petite commode (largeur 30cm) réalisée en Franconie vers 1740. Ce petit meuble en noyer sculpté est décoré sur le plateau et sur les côtés d'une marqueterie de paysages et d'architectures; une fermeture permet de bloquer les neuf tiroirs qui renferment les médailles.

La marqueterie de paille fut très à la mode aux XVIIIe et XIXe siècles et particulièrement utilisée pour recouvrir petits meubles et objets de curiosité. Delasson, ancien officier des chasses du prince de Conti, occupe ses loisirs entre 1766 et 1790 à confectionner des marqueteries en paille de couleur imitant les travaux des ébénistes. «Il ornait de cette manière non seulement de menus objets comme des boîtes ou des écritoires, mais aussi des meubles de fantaisie qui se vendaient surtout à l'époque des étrennes (2).»

Ces genres de travaux étaient traditionnellement exécutés par les bagnards, les prisonniers et les marins. Le secrétaire-commode (ci-dessous) du début du XVIIIe siècle est un exemple particulièrement subtil avec sa marqueterie de paille toutes faces; le piètement et la ceinture sont en bois doré et les boutons et entrées de serrures sont en argent. Beaucoup plus courants sont les bureaux à cylindre, meubles à écrire, exécutés au XIXe siècle dans toute l'Europe, le Victoria and Albert Museum en possède un du tout début du XIXe siècle.

Le développement de la tabletterie est sensible au XVIIIe siècle. En effet, l'impulsion donnée sous Louis XIV en faveur des arts décoratifs, grâce à l'introduction de techniques jusqu'alors la spécialité de pays étrangers (la glace, le bronze...), met à la disposition des marchands-merciers, au XVIIIe siècle, une gamme de métiers en pleine possession de leur tech-

(1) Musée d'Etat des Médailles - Munich - (2) «Les Ebénistes du XVIIIe siècle» - Comte de Salverte.

SECRÉTAIRE-COMMODE
Italie
XVIIIe siècle
Marqueterie de paille, bois doré, argent
H. 40,5cm; L. 55cm; Pr. 28cm
Commode à façade galbée et structure générale soulignée d'une moulure d'oves. Sous un abattant ouvrant sur tiroirs, trois tiroirs marquetés de grecques, chevrons et filets, entre deux montants en pans coupés également marquetés. Entrées de serrure en forme d'écus, en argent. Pieds en griffes.

nique. Une clientèle disposant de revenus élevés est attirée par tout ce qui est nouveau ; l'enthousiasme pour l'exotisme est très vif. Les chinoiseries, les turqueries, les Indes favorisées par l'anglomanie, les Indiens d'Amérique, puis l'Egypte sont successivement à la mode. Les collections et les bibelots font fureur et le rôle des marchands-merciers est considérable, ces derniers influencent et renouvellent l'intérêt d'une clientèle de plus en plus subtile. Hébert était un «marchand-mercier suivant la Cour», c'est-à-dire attitré de la couronne, tenant boutique dans l'enceinte même de Versailles. Un courtisan écrit à son sujet : «Je n'ose plus regarder du côté de chez Hébert ; il me vend mille choses malgré moi, il en a ruiné beaucoup d'autres avec des babioles inutiles. Il fait en France ce que les Français font en Amérique, il vous donne des bagatelles en échange de lingots d'or.»

Plus que d'adroits commerçants, les marchands-merciers sont des créateurs : «Ils savent par de savantes transformations accroître la valeur des objets qu'ils importent et qu'ils achètent. Ils en font des objets d'art, qui s'accordent parfaitement avec l'esprit de leur temps, leur art est aussi persuasif auprès de leur clientèle que peut l'être leur travail de vendeur (1).»

Leur art est un art de transformation. Ils adaptent les produits qu'ils importent, coordonnent les métiers, choisissent les artisans, stimulent les talents et l'originalité ; ils ont sur l'artisanat parisien un rôle directeur tout particulièrement dans l'ébénisterie. Simon Philippe Poirier est un marchand-mercier, dont le magasin connaît une vogue extraordinaire auprès des élégants de Paris et des riches étrangers de passage qu'il attirait. En 1766, Horace Walpole écrit à Ann Pitt qu'il est allé chez Poirier lui commander des dessins de commodes.

On conçoit facilement que ces marchands-merciers, désireux de plaire à une clientèle avide de curiosité et d'originalité, aient cherché à présenter de multiples objets, porcelaines, argenterie... dans des coffrets séduisants en forme de petits meubles. Cette très belle commode galbée et marquetée sur toutes ses faces, d'époque Louis XV (ci-contre) contient un nécessaire à café.

Les innombrables nécessaires que l'on nommait «boîtes de mercerie» contenaient tous les accessoires dont les dames se servaient pour leurs travaux d'aiguille, ils prenaient souvent la forme extérieure d'une petite commode ou d'un petit bureau. Souvent le fond du couvercle est orné d'un miroir entouré

(1) *«Mobilier royal» - P. Verlet.*

COFFRET
France
XVIIIe siècle
Bois de rose, poirier teinté, buis, amarante, frêne
H. 22 cm ; L. 26,5 cm ; Pr. 22,5 cm
Coffret contenant un nécessaire de voyage, orné d'une marqueterie réalisée dans l'esprit de Charles Topino (1725-1789) : draperie, table, encrier, plume, et mosaïque de cubes à plusieurs couleurs de placage.

BOÎTE À JEUX
EN FORME D'ARMOIRE
XIXe siècle
Monogramme P.F.A gravé sur une plaque en or, au-dessus de l'armoire
Ebène, bronze doré, albâtre, marqueterie Boulle (écaille, filets de cuivre, nacre)
H. 37 cm ; L. 28 cm ; Pr. 18,7 cm

Dessus en marqueterie Boulle. La porte, unique, se compose d'une plaque d'albâtre peinte au naturel d'une composition florale, entourée de moulures rehaussées de baguettes de bronze ciselées de fleurs et dorées. Quatre pieds en griffes.

Destinée à contenir des jeux (domino, bouillotte, écarté, piquet, boston, whist), rangés en ses multiples tiroirs et casiers, cette armoire est un cadeau d'Elisabeth, impératrice d'Autriche, à une famille française, en remerciement de son hospitalité.

BOÎTE À MUSIQUE
France
Epoque Napoléon III
Thuya, ébène, buis
H. 20,5 cm ; L. 23 cm ; Pr. 13 cm
Boîte à musique en forme de piano droit à poignées latérales. Clavier posant sur deux balustres.

COMMODE-TOILETTE
Autriche XVIIIe siècle
Bois de rose, ébène
H. 48 cm ; L. 45 cm ; Pr. 25 cm
Commode-coiffeuse de forme galbée, à quatre tiroirs, munie d'un miroir au sommet cintré entre deux montants galbés, au bas desquels s'encastrent deux casiers à tiroir.

COMMODE
Epoque Louis XVI
Noyer massif
H. 17 cm ; L. 25 cm ; Pr. 13 cm
Dessus à ressauts épousant les montants cylindriques cannelés qui encadrent les trois tiroirs.
Pieds en toupies, cannelés.

BOÎTE À MUSIQUE
France
Epoque Restauration
Placage de ronce d'acajou, bronze
H. 19,5 cm; L. 30 cm; Pr. 20,5 cm

Boîte à musique en forme de piano à queue, orné de motifs de bronze en applique. Pieds fuselés terminés en griffes de bronze.

BOÎTE À MUSIQUE
France
Epoque Restauration
Ebène, citronnier, acajou, vermeil
H. 16,3 cm; L. 29,5 cm; Pr. 18,7 cm

Nécessaire à couture en vermeil, rangé dans un coffret en forme de piano droit formant boîte à musique. Couvercle tripartite foncé de glace, sur la partie médiane. Pieds fuselés.

COMMODE
France
Epoque Louis XV
Placage de noyer et loupe de noyer
H. 27,5 cm; L. 39 cm; Pr. 24 cm
Commode à façade galbée et trois rangs de tiroirs. Poignées, chutes et sabots rocaille, tout comme le cartouche du tablier dont les entrées de serrures rappellent la forme.

ÉCRAN
Allemagne
Epoque Biedermeier (1815-1848)
Merisier, palissandre, tapisserie d'origine au petit point
H. 40 cm; L. 28,5 cm; Pr. 16 cm.
Tapisserie tendue dans un cadre, représentant un paysage classique dans un médaillon entouré d'une couronne de fleurs.

BARGUEÑO
Espagne
XIXᵉ siècle
Noyer, ivoire, écaille, nacre
H. 28 cm; L. 22 cm; Pr. 11 cm
Meuble à deux corps dérivé du coffre de mariée espagnol et correspondant au cabinet français. Partie supérieure à abattant décoré d'une scène de chasse gravée sur ivoire, ouvrant sur un théâtre d'inspiration mauresque, entouré de petits tiroirs.
Piétement (dit en «pile de pont») constitué de quatre pieds balustres réunis par une entretoise portant une arcature en fer à cheval.

d'un ruban ou d'une mince chenille. Cette coutume d'offrir des boîtes à couture en forme de petit meuble s'est poursuivie pendant tout le XIXᵉ siècle; nombreuses sont les jeunes filles qui ont reçu un petit piano formant boîte à couture, comme ce piano à pieds griffes (ci-contre en haut), ou ce piano romantique (ci-contre en bas) avec, à l'intérieur, son nécessaire en vermeil. Ces pianos étaient presque toujours animés de mécanismes musicaux. Nous remarquerons le petit piano en palissandre exécuté par Johann Jacob Könicke, artiste viennois, à la fin du XVIIIᵉ siècle. Nous y découvrons un nécessaire à couture, un matériel de peintre, un service de porcelaine, une boîte à musique; il nous est décrit comme «un nécessaire pour divers passe-temps» (1).

Ces petits meubles pouvaient aussi renfermer des flacons à parfum ou à alcool, comme cette petite commode à secret Louis XVI (p. 52). Très nombreux furent les petits meubles de toilette, comportant souvent dans la partie supérieure une glace ou psyché et dans le tiroir tout le nécessaire pour les soins de la toilette. Il faut remarquer ce nécessaire de manucure d'époque Art Déco en forme d'armoire; la partie supérieure se soulève pour le rangement des bagues, les deux portes ouvrent sur l'agencement très organisé des différents outils en argent pour la manucure (p. 62).

Un minuscule secrétaire de style Louis XVI sert de distributeur à cigarettes: on charge de cigarettes le casier situé sous le plateau supérieur, et la distribution individuelle se fait lorsque l'on tire l'un des tiroirs inférieurs (2).

D'autres petits meubles renfermaient cigares ou pots à tabac; c'est ainsi qu'en avril 1755, le comte de Lutzelbourg achète une commode-cave à tabac en bois de violette, garnie de ses ferrures dorées, et renfermant deux pots de Saxe à tabac.

Certains de ces travaux de tabletterie sont de véritables chefs-d'œuvre d'ingéniosité, tel ce bureau-secrétaire (vers 1790). De nombreux secrets permettent de dégager de multiples casiers, tiroirs, miroirs. On y trouve une boîte à épingles, une boîte à toilette, une boîte à musique… une pendule, etc. (3).

Ces boîtes, en forme de petits meubles raffinés, en palissandre, chêne, thuya, amboine, incrustés d'inscriptions d'ivoire, de nacre, servaient à ranger aussi gants, mouchoirs, jeux ou menus bijoux. Certaines

(1) Palais Pitti à Florence - Catalogue «Curiosità di una reggia. Vicende della guarda roba di Palazzo Pitti» - Florence - Sept. 1979. (2) Musée international du Mobilier miniature - Château de Vendeuvre. (3) Musée national de Bavière - Munich - Catalogue Paul Graupe - Berlin - 1937.

ARMOIRE
France
Vers 1930
Loupe d'amboine, sycomore, citronnier, ébène, pierres dures, ivoire
H. 30 cm ; L. 23 cm ; Pr. 9,5 cm
Armoire en demi-lune, enfermant un nécessaire à manucure. Partie supérieure ouvrant sur un casier garni d'une glace. Deux portes marquetées de motifs géométriques en médaillons ovales, entourés de filets rectangulaires. Pieds en cônes.

de ces boîtes étaient appelées «boîtes à sachet», comme cette petite table en loupe d'amboine, bronze doré et fleurs séchées sous un verre bombé, réalisée par la maison Monbro au début du XIXe siècle (p. 64), l'intérieur était doublé de tissu ou capitonné pour «former sachet» (1). Cet art exercé par les tabletiers, appelés également «ébénistes en petit», remportait un succès considérable. En 1807, on dénombrait à Paris 6000 personnes occupées à la fabrication de menus objets: tabletterie, ivoirerie, peignerie, bimbeloterie.

Parmi les petits meubles destinés aux jeux, signalons les meubles indo-européens exécutés aux Indes et en Extrême-Orient, sous l'impulsion des Européens. Petites armoires à jeux, petits meubles de toilette en laque, petits meubles à écrire (ci-contre) ou tables d'échec en corne, ivoire gravé et écaille (ci-dessous). Ces meubles réalisés aux XVIIIe et XIXe siècles sont d'une grande qualité d'exécution, même si parfois la richesse du décor peut paraître excessive à nos yeux d'Européens.

Pour satisfaire une clientèle avide de curiosités ou de nouveautés, les marchands-merciers exploitaient habilement les événements mondains. L'aventure du duc de Richelieu qui retrouvait Mme de la Popelinière fut prétexte à la réalisation de très curieux bougeoirs en forme de cheminée à échelle réduite, en bronze doré et porcelaine. «Le 28 novembre 1748, Mme de la Popelinière s'était rendue aux Sablons pour assister à la revue des Uhlans; la Popelinière qui avait des soupçons fit inspecter la chambre de sa femme par le mécanicien Vaucanson. Ce maître ès automates découvrit une cheminée mobile qui permettait à Richelieu, locataire de l'appartement contigu, de s'introduire chez sa maîtresse aussi subrepticement que le Père Noël. On en fit des gorges chaudes, des chansons, des bibelots. Aux étrennes suivantes, le jouet à la mode fut une petite cheminée séparant deux pantins qui, sitôt le rideau levé, automatiquement se rejoignaient. A Mme de Pompadour qui trouvait Richelieu importun, Louis XV répondit avec résignation: «Hélas. Madame, quand on «le chasse par la porte, il rentre par la cheminée (2).»

M. d'Allemagne possédait une pendule en bronze doré et ciselé par Caffieri dans le goût rocaille, avec des personnages en porcelaine, et représentant une cuisine miniature (3). Au XIXe siècle, nombreuses fu-

(1) «Ebéniste et tabletier» - Manuel Roret: «La forme extérieure et intérieure de ces créations de luxe varie beaucoup et offre une multitude de formes et d'usage.» (2) «Avant-Mémoire III - La Fauconnier» - Jean Delay. (3) «Histoire des jouets» - H. d'Allemagne.

SECRÉTAIRE EN ARMOIRE
Angleterre
Début du XIXe siècle
Palissandre, ivoire
H. 41 cm; L. 33 cm; Pr. 18 cm
Partie supérieure à deux portes contenant trois casiers chacune, ouvrant sur un abattant formant écritoire. Deux tiroirs dans la partie inférieure. Décor léger de fleurs et feuilles d'ivoire incrusté. Pieds en toupie.

TABLE À JEU
Angleterre (travail colonial)
XIXe siècle
Ivoire, écaille, ébène, corne
H. 19 cm; L. 21 cm; Pr. 21 cm
Table carrée à plateau formant jeu d'échecs entouré d'une marge de rinceaux interrompus par huit médaillons marquetés de différentes fleurs. Pied en balustre posant sur une base tripode décorée de rinceaux.

PAIRE DE VITRINES
Epoque Napoléon III
Bronze, bois de rose et amarante
H. 20 cm

BOÎTE EN FORME DE GUÉRIDON
Paris
Epoque Restauration
Marque : Maison Monbro
Loupe d'amboine
H. 12 cm ; L. 21 cm
Guéridon ovale. Le dessus, orné d'une composition de fleurs séchées, sous globe entouré d'une galerie, s'ouvre sur un coffret. Quatre pieds balustres. Entrée de serrure accostée de motifs végétaux.

TABLE DE SALON
France
Epoque Napoléon III
Bois de violette, bois de rose et amarante
H. 21,5 cm ; L. 32 cm ; Pr. 23,5 cm
Table ovale marquetée de rosaces, ouvrant à un tiroir, en ceinture. Pieds cambrés, garnis de chutes et de sabots.

CHAISE
France ?
Epoque Napoléon III
Acajou
H. 24 cm ; L. 13 cm ; Pr. 10 cm
Modèle.
Dossier en lyre, au sommet sculpté d'une coquille entre deux volutes. Traverse ajourée. Deux pieds antérieurs fortement cambrés, montés sur dés. Pieds postérieurs en sabre.

SECRÉTAIRE À ABATTANT
Epoque Napoléon III
Bronze, bois de rose et amarante
H. 30 cm

rent les pendules représentant bibliothèques, boudoirs, etc.

Dans ses mémoires, la baronne d'Oberkirch parle du «Singe Violet», magasin de M. Biennais, marchand-tabletier-ébéniste, «où l'on trouve tous les jeux possibles pour les grandes personnes, son commerce est analogue à celui du «Petit Dunkerque», c'est-à-dire toutes les coûteuses futilités destinées à l'amusement des dames pour le plus grand préjudice de la bourse des maris». D'autre part, elle précise que l'on trouvait au «Petit Dunkerque» des colifichets et joujoux en or, écaille, nacre et ivoire.

«Lobjoy, demeurant rue Saint-Antoine, était sous le Premier Empire particulièrement réputé pour la fabrication de ces ravissants meubles miniatures, dont beaucoup étaient vendus dans les somptueuses boutiques du Palais-Royal (1).»

Citons en exemples : ces coffrets à bijoux en bronze, fixés sous verre, du début du XIXe siècle en forme de commode (ci-dessous) ou en forme de poêle (ci-dessous).

Certains de ces petits meubles, particulièrement sous le Second Empire, comportaient des plaques peintes en porcelaine ou en émail. Nous pouvons admirer l'armoire à jeux (p. 58) qui comporte dans sa porte une plaque d'albâtre peinte, il s'agit d'un cadeau de l'impératrice d'Autriche Sissi.

Le XVIIIe siècle français s'inspirait de l'Orient ou de l'étranger dans certaines créations, et il bénéficiait d'un grand prestige à l'extérieur ; nombreux sont les voyageurs qui achètent à Paris, nombreux sont les étrangers qui, en dépit des guerres, commandent en France. Symbolisant la subtilité de la fabrication des ébénistes français, deux petites commodes (environ 50 cm de haut) avaient été données par Louis XV vers 1760 au Sultan, comme présent diplomatique. A la manière de J.F. Oeben, avec poignées et encadrements en argent, ces petites commodes de style rococo présentent des panneaux en marqueterie de fleurs. En position assise sur un coussin, jambes croisées, les Orientaux étaient à bonne hauteur pour écrire ou poser leur tasse de café sur ces petits meubles (2).

Les animaux de la maison ont, eux aussi, un mobilier à l'image du luxe de leur propriétaire. Ce sont parfois des lits, comme ce lit à la polonaise (p. 69), d'époque transition, estampillé de Nauroy et exécuté pour un chat. Un autre lit à la polonaise est conservé au château de Thoiry, il a été réalisé au XVIIIe siècle pour le petit chien de M. Machault d'Arnouville (3). Des niches de luxe en menuiseries peintes ou dorées, moulurées ou sculptées, capitonnées ou cannées, prirent parfois la forme de petites bergères, qu'il ne faut pas confondre avec des pieds de lit. Les pieds de lit étaient placés à côté du lit et servaient d'escabeau pour monter dans les lits de l'époque qui, avec l'accumulation des matelas, étaient assez hauts.

Certains de ces petits meubles en forme d'armoire ont

POÊLE
Epoque Charles X
Bronzes dorés ; fixé sous verre
H. 13 cm
Formant boîte.

COMMODE
Epoque Charles X
Bronzes dorés ; fixée sous verre
H. 13 cm
Formant boîte.

COMMODE-SCRIBAN
Epoque Empire
Carton, papier collé, bronze
H. 33,5 cm ; L. 17 cm ; Pr. 14 cm
L'abattant forme cylindre. Pieds griffes.

une fonction précise dans une région. C'est ainsi que l'on trouve en Provence, aux XVIIIe et XIXe siècles, de petites armoires accrochées au mur et destinées à ranger les verres (verriaux) ou les étains (estagniés) (4). Dans d'autres régions, ce sont les objets de la chasse (poudre, cartouches...) qui sont placés dans des armoires de modèle réduit, appelées Saint-Hubert, et accrochées au mur à l'abri de l'humidité. En Hollande, en Allemagne ou dans les pays anglo-saxons, de petites commodes-vitrines étaient exécutées pour présenter l'argenterie ou la porcelaine miniature (p. 21 et 68).

Terminons par les petits meubles, appelés «meubles de conditionnement» : c'est ainsi que le chocolatier «La Marquise de Sévigné» fit exécuter de petits semainiers ou petites commodes en marqueterie de style Louis XV ou Louis XVI, marqués au dos «La Marquise de Sévigné».

Ces petits meubles renfermaient dans leurs tiroirs chocolats ou bonbons, et étaient l'exemple du cadeau luxueux et original. D'autres produits étaient vendus dans des boîtes en tôle peinte, en forme de petits meubles. C'est ainsi que les biscuits «Pernot» étaient vendus dans des boîtes en forme de petite commode Louis XVI, de forme demi-lune, avec un décor peint.

(1) «Histoire des jouets» - H. d'Allemagne. (2) Extrait d'un article paru dans «The Connoisseur» - Janvier 1964 - n°623 - de F.J.B. Watson, Directeur de la Collection Wallace. (3) Connaissance des Arts - n°191 - p. 80. (4) «Le Mobilier Provençal» - Lucile Oliver - Ed. Massin.

SECRÉTAIRE-COMMODE
XVIIIe siècle
Placage de noyer, citronnier, ébène
H. 22 cm ; L. 21,5 cm ; Pr. 16,5 cm
Secrétaire-commode de forme galbée, posant sur quatre pieds en disques. L'abattant ouvre sur deux tiroirs et un mécanisme secret permettant de bloquer les trois tiroirs inférieurs.

COMMODE
France
Epoque Transition
Placage de bois de rose, bois de violette et amarante, filets de bois clair
H. 36 cm ; L. 48,5 cm ; Pr. 24,5 cm
Sous un dessus de marbre, trois tiroirs aux entrées de serrures ceintes de nœuds de rubans en applique et doubles anneaux de tirage fixés sur des médaillons ronds à rosettes. Décoration discrètement complétée par le motif floral du tablier, les chutes et les sabots des pieds cambrés.

COMMODE-VITRINE
Hollande
XVIIIe siècle
Placage de loupe de noyer
H. 68,5 cm ; L. 44 cm ; Pr. 23 cm
Meuble à deux corps : au-dessus, vitrine à fronton polylobé cintré brisé, à volutes supérieures rentrantes encadrant un cartouche à palmettes. Deux portes vitrées ouvrent sur des étagères. Dans le bas, commode à pans coupés, à trois tiroirs ornés de mains rocaille. Pieds «claw and ball», en oblique.

LIT À LA POLONAISE
Paris
Epoque Transition
Estampillé Et. Nauroy (1765-1787)
Bois doré, garniture de soie, plumes d'autruche
H. 66 cm ; L. 50 cm ; Pr. 33 cm
Niche-lit exécutée pour un chat, parfaite réduction d'un modèle de lit à crosses de l'époque.

COMMODE
Italie
Début XVIIIe siècle
Ebène, palissandre, ivoire, écaille
H. 36 cm ; L. 53,5 cm ; Pr. 32 cm
Frise, gravée sur ivoire, d'animaux fantastiques. Tiroirs décorés de paysage de port, scène de montreur d'ours, paysage agreste et personnages de la Commedia dell'Arte, en écaille gravée sur fond d'ivoire gravé.

«REPOS DE JÉSUS»
Travail hispano-portugais - XVIIIe siècle
H. 29cm; L. 22,5cm; Pr. 13,5cm
Lit en bois sculpté et petit Jésus en terre cuite polychrome.

LE MOBILIER RELIGIEUX

Les meubles miniatures associés à une démarche surnaturelle sont parmi les plus anciens connus. On trouve dans les tombes égyptiennes de petits meubles, comme ce petit lit conservé au Musée du Louvre(1). De même en Amérique du Sud, les morts étaient accompagnés de meubles miniatures destinés à leur être utiles dans l'au-delà.

En Europe, des meubles miniatures servaient à présenter dans les églises, couvents ou oratoires des statuettes de Jésus ou de saints, afin de favoriser la méditation ou la prière. Ces statuettes peuvent être placées en position allongée sur des lits appelés «Repos de Jésus». C'est ainsi que l'on trouve en Flandre, dès le XIVe siècle, des berceaux à décor polychrome, agrémentés de superbes sculptures(2).

Le Musée des Arts Décoratifs de Berlin possède un berceau en cuivre doré du XVe siècle qui provient de l'église de Friedberg (Wetterau) et qui comporte un système de balancement spécial, destiné à présenter l'enfant Jésus. Certains cloîtres franciscains ou dominicains conservent des reliquaires renfermant un petit Jésus couché dans un berceau d'orfèvrerie.

C'est essentiellement en Allemagne du Sud, en Italie et dans la péninsule Ibérique que l'on trouve le plus souvent des «Repos de Jésus»; citons par exemple ce «Repos de Jésus» espagnol de la fin du XVIe siècle (p. 75); ou cet autre hispano-portugais du XVIIIe siècle en bois, avec un petit Jésus allongé sur un matelas en terre cuite (p. 70); ou ce lit italien du XVIIIe siècle à trois dossiers inégaux avec des têtes d'anges, décoré de faux marbre et volutes en trompe-l'œil (ci-contre à droite).

(1) Département des Antiquités égyptiennes - Réf. Inv. 880.
(2) Edmond Niffle-Anciaux «Les Repos de Jésus et les berceaux reliquaires» - Namur - 1896.

Comme les «Repos de Jésus», les trônes de Jésus destinés à frapper l'imagination populaire sont d'un faste et d'une richesse qui n'existaient pas dans le mobilier civil; certains de ces trônes comportaient même des plaques d'argent ou d'or et des pierres précieuses. La plupart étaient en bois doré, comme ce trône à dais du XVIIe siècle italien (p. 74).

Parfois, ces trônes d'enfant-Jésus sont associés à des coutumes populaires: le cloître des Capucins de Solothurn (Suisse) possède un petit Jésus assis sur un siège (XVIIe siècle), devant lequel — selon une ancienne tradition — on apporte le 2 janvier de chaque année une petite table garnie d'assiettes contenant des prunes et d'autres aliments.

LIT DE REPOS
Italie
XVIIIe siècle
Bois doré
H. 44 cm; L. 60 cm; Pr. 27 cm
Lit «de travers», à trois dossiers inégaux. Chevets évasés, en bois peint en trompe-l'œil, imitant le marbre. Trois têtes d'anges ailées leur tiennent lieu de crosses. Pieds en volutes de feuilles en C, opposées, décorés de petits miroirs.

FAUTEUIL, TABOURET DE PIED
Italie - XVIIe siècle
Bois sculpté
Fauteuil: H. 32,5cm; L. 19cm; Pr. 14,5cm
Tabouret: H. 2cm; L. 14cm; Pr. 7,5cm
Dossier au fronton sculpté d'un motif de miroir entouré de feuilles d'acanthe. Montants moulurés, à crosses, auxquelles répondent les enroulements des accotoirs. Ceinture et traverses sculptées.
Statuette de saint vêtue de ses habits d'origine.

COMMODE
France
Premier tiers du XVIIIe siècle
Frêne
H. 30,5cm; L. 28cm; Pr. 25,5cm
Commode à façade galbée. Trois tiroirs à décor de panneaux bordés de filets en rubans. Tablier bas en double arbalète. Entrées de serrures ouvragées.

TABLE
France - XIXe siècle
Bronze doré; porphyre
H. 11cm; L. 17cm; Pr. 17cm
Plateau carré aux angles arrondis, ceinturé d'un motif de cordelière en bronze. Quatre pieds en feuilles d'acanthe, réunis par un entrejambe en X, formé de feuilles d'acanthe et surmonté d'une rosace centrale. Des consoles des pieds partent des guirlandes de fleurs attachées à la ceinture par des nœuds de rubans d'où pendent des chutes en forme de couronnes de laurier.

FAUTEUIL
Italie - XVIIe siècle
Bois doré, garniture de tapisserie
H. 43cm; L. 18,5cm; Pr. 19cm
Surmontant le dossier droit, couronnement sculpté d'un cartouche entouré de feuilles d'acanthe. Accotoirs incurvés à feuilles d'acanthe. Pieds postérieurs droits, les antérieurs étant tournés en balustres, tout comme la traverse et l'entrejambe le sont en chapelets.

Ces sièges ou trônes ont, dans certaines circonstances, été réalisés pour présenter des saints à la dévotion populaire. Parmi eux, des trônes — offerts par de puissantes familles — comportaient les armes ou le monogramme de la famille (1). Citons le fauteuil avec saint Joachim, qui fut exécuté à Séville vers 1700 et signé P. GAI/TAN, il mesure 36 cm de haut; l'ensemble est en terre cuite sculptée et le siège est recouvert de tissu.

Le fauteuil (p. 72), sculpté en Italie du Sud au XVIIe siècle, est accompagné d'un tabouret de pied, la sainte assise a conservé ses habits d'origine. Les têtes de ces personnages étaient réalisées en cire, bois ou terre cuite, peintes au naturel et comportaient des yeux en perle de verre pour refléter l'éclat des bougies.

On trouve donc toute une gamme de sièges religieux, en métal, en bois doré, en terre cuite et même en bois argenté (ci-dessous). D'une taille un peu plus grande, est ce superbe trône de procession italien (p. 76 bas), en bois doré et velours rouge, qui date du XVIIIe siècle. Ce siège a une attache placée à l'arrière, qui permet de le fixer au brancard de procession.

(1) Frankfurt Museum für Kunsthandwerk.

Certains sièges sont destinés à recevoir non pas des statuettes, mais des enfants : selon la tradition juive, le nouveau-né, lors de la circoncision, était assis sur un fauteuil miniature appelé «Hissé Eliyahou» : le siège du prophète Elie. La synagogue de Carpentras possède dans une niche un petit fauteuil d'époque Louis XVI. La synagogue de Cavaillon présente également un petit fauteuil de circoncision, daté de 1774, il est placé sur un socle figurant un lit de nuages.

Selon une tradition méditerranéenne, de petits meubles en forme de buffet étaient construits pour abriter une crèche. C'est ainsi qu'en Provence, on voit au XVIIIe siècle de petits meubles qui présentent, quand les deux vantaux sont ouverts, une crèche composée de santons de Provence (1). En Italie et en Espagne, ce sont les crèches de taille plus importante qui abritent des meubles miniatures à l'échelle des personnages.

Regroupons sous les termes d'ex-voto, ou travaux de

(1) «Mobilier provençal» - Lucile Oliver - Ed. Massin.

TRÔNE À DAIS
Italie
XVIIe siècle
Tilleul, peuplier et sapin dorés
H. 72 cm; L. 30 cm; Pr. 27 cm
Dais sculpté de lambrequins à pompons mobiles, appuyé sur des consoles fixées aux montants du dossier entretoisé d'une double traverse composée de volutes affrontées. Accotoirs en volutes de feuillages. Pieds droits liés à un socle mouluré par des consoles. Petite marche devant le siège.

FAUTEUIL
Italie
XVIIIe siècle
Bois argenté
H. 70 cm; L. 34 cm; Pr. 27 cm
Fauteuil garni à châssis. Dossier en forme d'écu accosté de feuilles d'acanthe et surmonté d'une coquille appuyée sur deux consoles en C opposées, délimitant un espace quadrillé d'un jeu de fond. Ce dernier motif, agrandi, relie le dossier au siège. Bras incurvés, terminés en dés ornés de rosettes, repris en raccordement.

REPOS DE JÉSUS
Espagne
Fin XVIe siècle
Lit : bois doré et peint
H. 60 cm ; L. 42 cm ; Pr. 29 cm
Lit à baldaquin et à balancelle mobile. Ciel surmonté de quatre panaches en passementerie et fils d'argent. Quatre colonnes sculptées et tournées maintiennent le châlit orné de têtes d'anges ailées, de cartouches, de disques et bordé de balustres tournés. Pieds boules.

FAUTEUIL
Italie
Premier quart du XIXe siècle
Bois doré, garniture de velours
H. 38 cm; L. 26 cm; Pr. 27 cm
Dossier à crosses. Accotoirs incurvés terminés par de puissantes feuilles d'acanthe enroulées au-dessus de boules formant consoles. Celles-ci sont posées au centre de bouquets de feuilles d'eau sommant les pieds cannelés, terminés en griffes.

FAUTEUIL
Italie
Début XVIIe siècle
Bois doré, noyer, garniture d'origine
H. 46 cm; L. 24 cm; Pr. 20,5 cm
Dossier surmonté de deux vases-urnes. Accotoirs incurvés à enroulements. Piétement droit, sans entretoise.

FAUTEUIL
Italie
XVIIIe siècle
Bois doré, velours rouge
H. 62 cm; L. 41 cm; Pr. 27 cm
Fauteuil rococo à dossier surmonté d'une coquille reprise à la ceinture, garni à châssis. Pieds galbés, nervurés, comme le sont toutes les moulures.

commémoration, tous les ouvrages offerts aux églises, chapelles ou couvents pour remercier d'un événement heureux, ou attirer la bénédiction divine, ou par simple piété ; par exemple ce chœur d'église en bois de noyer et ébène, décoré d'un lustre, d'appliques et de chandeliers en argent, ainsi que de bannières en soie peinte (ci-dessous).
Nombre de ces travaux de piété ont été exécutés dans les couvents par les religieux ou religieuses (ci-contre), ainsi qu'en témoigne cet autel italien réalisé en carton et papier peint en trompe-l'œil de toute une gamme de faux marbre.

A mi-chemin entre le ciel et l'enfance, cette maison miniature «El Belén» ou maison de Nazareth, conservée au couvent de Las Agustinas à Salamanque ; elle comprend trois pièces : salon, atelier de saint Joseph et cuisine ; elle fut commandée par le comte de Monterrey à Naples vers 1644 et expédiée à sa fille. Les pièces sont garnies d'un mobilier miniature complet caractéristique de l'Italie du Sud de cette époque (1).

(1) «Las Agustinas de Monterrey» - A. Madruga Real.

RETABLE
Italie
XIXe siècle
Papier, carton
H. 70 cm ; L. 49 cm ; Pr. 31 cm
Modèle.
Retable peint en trompe-l'œil de marbre de différentes sortes. Fronton triangulaire surmonté du cœur sacré de Jésus et de fleurons latéraux, portant en son centre un ange agenouillé. Au milieu du retable, Madone à l'Enfant peinte en camaïeu dans un cadre baroque, encadré de quatre pilastres à chapiteaux composites. Devant le retable garni de chandeliers, autel à trois marches de «marbre» blanc et noir. Le socle à doucine porte un pavement blanc et noir.

CHŒUR D'ÉGLISE
XIXe siècle
Ebène, noyer teinté, cerisier, ivoire, argent et bronze
H. 34 cm (39,5 avec la croix) ; L. 24 cm ; Pr. 27 cm
Chœur ovale, formé de colonnes toscanes aux socles reliés par des balustres, soutenant un baldaquin bombé sommé d'une croix. Sur le fronton cintré, cœur sacré de Jésus. Le chœur est présenté avec l'autel et toute sa garniture, un lustre central et des appliques en argent. Au fond, statue de la Vierge à l'Enfant flanquée de deux bannières.

SECRÉTAIRE EN ARMOIRE
France
Epoque Louis XVI
Loupe de noyer, buis, acajou, bois de rose et merisier
H. 87,5 cm; L. 57,5 cm; Pr. 33 cm
Chef-d'œuvre de maîtrise. Dessus en marbre bleu turquin ceinturé d'une galerie. Secrétaire à pans coupés soulignés de pilastres en marqueterie. Décor marqueté de triglyphes et métopes sous la corniche, d'une course de ruban au pourtour d'un panneau de loupe sur l'abattant, et de rangs de perles et de grecques à la base. Le secrétaire, qui cache de nombreux tiroirs internes, repose sur des pieds fuselés.

LES MEUBLES DE L'ENFANCE

Le mobilier d'enfant et de poupée accompagne toutes les civilisations, avec toutes les gammes de qualité, depuis les meubles d'enfants royaux jusqu'aux jouets de petits paysans. Les Egyptiens fabriquaient de nombreux accessoires pour l'existence outre-tombe. «On a même retrouvé à côté d'une momie un jardin en miniature avec un étang, et il est bien difficile de savoir ce qui était destiné au jeu et ce qui ne l'était pas(1).»

Cette catégorie de petits meubles est donc la plus vaste et la plus disparate; elle ne rentre dans l'étude du mobilier miniature que pour sa frange la plus élaborée, que l'on peut souvent confondre avec les chefs-d'œuvre.

Associons à cette catégorie les maisons de poupée allemandes, hollandaises ou anglaises, dont la qualité évoque les jouets d'adulte. Ne dit-on pas que les Hollandais faisaient exécuter ces maisons, à l'image de leur intérieur, pour laisser à leurs descendants un témoignage du luxe de leur cadre d'existence. Selon une tradition, les maisons de poupée anglaises des XVIIe et XVIIIe siècles auraient été conçues par les architectes comme modèles ou comme répliques de la propriété de leur client(2).

La première construction que l'on puisse qualifier de «maison de poupée» est celle que commanda, en 1558, Albert V de Bavière pour sa fillette. On peut se demander s'il l'avait réellement acquise en tant que jouet d'enfant, car cette maison était soigneusement conservée dans sa propre collection d'objets d'art. Cette maison a disparu, mais elle nous est décrite dans plusieurs documents-inventaires de l'époque (la chambre à coucher contenait des lits exécutés dans le moindre détail, avec rideaux et tentures brodés d'or). Les premières maisons de poupée sont originaires d'Allemagne. Grâce à des références littéraires, nous connaissons la maison d'Anna Köferlin qui fut réalisée en 1631 à Nuremberg. Anna Köferlin, épouse d'un bourgeois de la ville, est un personnage très intéressant dans l'histoire des collectionneurs: elle fut la première à avoir exposé sa création au public moyennant finance. Elle exposait ses intentions pédagogiques dans une petite brochure: «Ce spectacle vous donnera une bonne leçon; quand vous ren-

(1) «Histoire des jouets» - H. d'Allemagne. (2) «English Dolls' Houses» - Vivien Greene.

TABLE DE TOILETTE
France
Epoque Louis XVI
Acajou
H. 26,5cm; L. 41cm; Pr. 18cm
Miroir pivotant entre deux casiers. Trois tiroirs et une tirette en ceinture. Des incrustations de fils de cuivre soulignent la structure du meuble. Pieds fuselés et cannelés.

LIT
France
Epoque Directoire
Noyer
H. 31 cm; L. 41 cm; Pr. 27,5 cm
Deux chevets surmontés de motifs de vases godronnés, et composés chacun d'un panneau entre deux montants maintenus par une traverse supérieure en fronton et une traverse inférieure simple, raccordées toutes deux à quatre dés sculptés de rosettes inscrites dans des losanges, entre lesquels s'insèrent deux balustres. Pieds en toupies.

TABLE DE NUIT
Epoque Louis XVI
En noyer
H. 19 cm; L. 15 cm; Pr. 10 cm
A rideau coulissant.

COMMODE
France
Epoque Louis XVI
Noyer
H. 31 cm; L. 37 cm; Pr. 21,5 cm
Dessus à ressauts, marqueté d'une étoile centrale. Trois tiroirs, dont un plus petit en ceinture, entre des montants arrondis et cannelés. Entrées de serrures encerclées de perles. Pieds en toupies.

CHAISE
France
XIXe siècle
Noyer, paille
H. 21,5 cm; L. 11 cm; Pr. 10 cm
Chaise paillée rustique. Dossier à trois traverses. Pieds antérieurs légèrement cambrés.

CANAPÉ
France
Style Louis XVI
Bois peint, garniture de soie
H. 23 cm; L. 34 cm; Pr. 22 cm
Canapé en gondole à dossier sinueux, garni «à la Reine».
Pieds cannelés.

trerez chez vous ou quand Dieu vous accordera votre propre foyer, vous serez instruites de la manière d'ordonner vos corps et vos existences et d'organiser correctement les tâches domestiques.»

Ce texte nous propose une double fin aux maisons de poupée: le goût de la collection et celui que nous appelons aujourd'hui «les arts ménagers». Paul von Stetten écrit au milieu du XVIIIe siècle que les objets reproduits dans les maisons de poupée (et censés contribuer à l'éducation domestique des jeunes filles) étaient souvent d'un tel luxe, qu'une telle construction pouvait valoir plus de mille florins.

Comme l'indique H. d'Allemagne, dans cette catégorie de meubles de petites dimensions, «il est très difficile d'établir une distinction entre les jouets d'un travail soigné et les diminutifs, modèles ou pièces exceptionnelles exécutés par quelque maître-ébéniste comme chef-d'œuvre» (1).

Une maison datant de 1600, et conservée au Germanisches National Museum de Nuremberg, confirme que ces constructions pouvaient être destinées à des adultes. Il faut remarquer le caractère des couples de bois peint assis à la table de la grande salle du rez-de-chaussée: «Une dame vêtue de façon fort aguichante tient la main — visiblement «baladeuse» — du monsieur assis en face d'elle, et l'aspect égrillard de l'ensemble du groupe n'est manifestement pas approprié à l'éducation des enfants. La galerie est décorée de peintures représentant «une religieuse en train de chanter», tandis qu'un moine l'observe avec intérêt, puis plus loin, la même religieuse découvrant une poitrine opulente que le moine caresse; un gardien les découvre dans cette posture et une dernière fresque les montre en train de faire pénitence...»

Les Pays-Bas se sont intéressés plus tard (XVIIe siècle) que l'Allemagne à la construction de maisons de poupée. Elles sont pour la plupart installées dans de grands cabinets-secrétaires de la région d'Anvers.

La plus ancienne est celle de Margharetha de Ruyter vers 1676 (Rijksmuseum d'Amsterdam). Cet intérieur en réduction présente une étude du mobilier et de la vie privée de l'époque.

La maison de Petronella Oortman présente un travail du bois de qualité supérieure (vers 1686), au Rijksmuseum d'Amsterdam. Le mobilier du salon est en bois de rose, ainsi que les boiseries de la chambre à coucher qui contient un magnifique lit encadré d'une garde-robe et d'une armoire à linge. La cheminée est équipée d'un nécessaire d'argent, la grande antichambre toute dallée de marbre rose est remarquable par son armoire qui contient un service de porcelaine en miniature. Au rez-de-chaussée existe un second salon avec une vitrine abritant une collection de coquillages et une chaise-longue recouverte de soie bleue.

L'une des plus séduisantes est la maison de Sara Ploos van Amstel, on y admire en particulier une pièce spéciale remplie de porcelaine bleue et blanche, selon la mode néerlandaise (milieu du XVIIIe siècle), au Gemeentemuseum de La Haye. Le mobilier est d'inspiration mi-néerlandaise, mi-française, c'est un amalgame de trois maisons achetées à une vente aux enchères en 1743.

L'armoire du XVIIe siècle (Allemagne) (ci-contre) était destinée à une maison dite de poupée; de par sa taille elle est à rapprocher de celle de la maison de la famille Wengen de Bâle (Réf. Historisches Museum - Bâle).

Le goût des Allemands et des Néerlandais pour les petits objets exposés dans des meubles spéciaux s'est étendu à d'autres pays dès le début du XVIIIe siècle. Il

TABLE DE TOILETTE
Epoque Restauration
Acajou
H. 62 cm
Glace pivotante.

(1) «Histoire des jouets» - H. d'Allemagne.

ARMOIRE
Allemagne
XVIIe siècle
Bâti en sapin; placage de noyer, érable, buis, bois fruitier
H. 30 cm; L. 28 cm; Pr. 11 cm
Sous une corniche moulurée, deux vantaux moulurés également.
Trois colonnes torses en façade, détachées, tournées en sens opposés, posant sur des socles ornés de feuilles d'acanthe. Deux tiroirs inférieurs soulignés de moulures. Pieds en boules aplaties nervurées.

SECRÉTAIRE-COMMODE
France (travail provincial)
Fin du XVIIIe siècle
Merisier, buis, sapin, poirier teinté, noyer, amarante
H. 57 cm ; L. 41 cm ; Pr. 25 cm
Commode en arbalète, à dessus brisé. Abattant cintré, orné d'un médaillon marqueté de fleurs, souligné de filets à grecques et ouvrant sur de nombreux tiroirs et casiers. Trois tiroirs inférieurs à anneaux de tirage en chapelets de perles. Entrées de serrures ouvragées. Pieds galbés.

connut un essor important en Angleterre, où l'on se mit à fabriquer des «maisons de bébé» qui semblent avoir amusé autant les adultes que les enfants.

La maison d'Uppark (National Trust) est d'une grande perfection. On y trouve une salle à manger avec son dressoir, les chaises cannées ont des pieds de biche très raffinés, une table à abattant supportant de l'argenterie.
Dans la maison de Nostell Priory (Yorkshire) qui date de 1735, nous découvrons un salon avec une superbe cheminée, une table d'acajou marquetée d'or, dans la chambre d'enfant des chaises d'ivoire sculpté. Ces maisons anglaises sont des témoignages d'une époque, d'un style et d'une sensibilité.

Aux XIXe et XXe siècles, l'engouement est particulièrement vif pour les maisons de poupée en Angleterre. Il faut citer la maison de la reine Mary. Cette souveraine avait été une passionnée de meubles en miniature depuis son enfance. Elle reçut de ses sujets en 1924, en guise de cadeau royal, ce superbe édifice; il s'agissait de «présenter à Sa Majesté un petit modèle d'une maison du XXe siècle, qui serait fabriquée avec une fidélité parfaite, jusque dans les moindres détails, pour représenter aussi minutieusement que possible un exemple authentique et complet d'un intérieur privé, avec tous les dispositifs domestiques caractéristiques de la vie quotidienne du temps présent... Cette maison ne représente donc pas un palais, ni une résidence de cérémonie, mais un foyer, une maison de famille... (1).»

On a créé ou importé également en France des appartements de poupée, et on peut supposer que ces intérieurs furent réalisés par de véritables artistes.
En 1571, Claude de France, duchesse de Lorraine, écrit au célèbre orfèvre Hottmann en lui donnant commande d'un «petit ménage» pour enfant, tout complet, se composant de buffet, pots, plats, escuelles et telles autres choses comme on les fait à Paris, pour envoyer à l'enfant de la duchesse de Bavière, qui vient de naître. Dans les Historiettes de Tallemant, on lit qu'il en coûta, au cardinal de La Valette, «deux mille écus pour une poupée, la chambre, le lit, tous les meubles, les déshabillés, la toilette et bien des habits à changer» pour Mademoiselle de Bourbon, encore enfant!

En 1675, nous pouvons lire dans le Ménagiana : «Mme de Thianges donna en étrennes une chambre toute dorée, grande comme une table, à M. le duc du Maine; au-dessus de la porte il y avait en grosses lettres: Chambre du Sublime. Au dedans: un lit et un balustre avec un grand fauteuil dans lequel était assis M. le duc du Maine, fait en cire fort ressemblant. Auprès de lui, M. de La Rochefoucauld auquel il donnait des vers pour les examiner. Autour du fauteuil, M. de Marcillac et M. Bossuet, alors évêque de Condom. A l'autre bout de l'alcôve, Mme de Thianges et Mme de La Fayette lisaient des vers ensemble. Au dehors du balustre, Despréaux et un peu plus loin La Fontaine, auquel il faisait signe d'avancer. Toutes ces figures étaient de cire, en petit, et chacun de ceux qu'elles représentaient avait donné la sienne.»

Vers le milieu du XVIIIe siècle on crée des cabinets garnis de figures d'émail. Ce sont de petits intérieurs en réduction, mais ils paraissent avoir été plutôt des objets d'étagères que des jouets destinés à amuser les enfants. En 1745, Raux Le Fils, marchand de bijoux, rue du Petit-Lion, faisait annoncer dans le *Mercure* (numéro de novembre) qu'il tenait à la disposition de ses clients «de petits cabinets de carton à la forme des cabinets de la Chine, renfermant des personnages d'émail, des hommes, des femmes, des joueurs, des musiciens; plus, de petits corps de logis de même matière avec des appartements fort jolis où se passent des histoires véritables».

Lors de l'Exposition de 1900, quelques petits mobiliers de poupée furent présentés. On pouvait admirer un intérieur Louis XVI exposé par Mme Marius Paulme: «Au fond de la chambre un lit de milieu garni de ses rideaux en toile de Jouy, à côté une commode en marqueterie supportant une pendule et deux candélabres; au premier plan, un petit poêle en fonte, discrètement masqué par un écran. Une des pièces les plus intéressantes de cette exposition était un minuscule métier à broder placé sur un bureau... (2)»
Une chambre à coucher de l'époque Empire, faisant partie de la collection de M. Michon, était présentée: «Tous les meubles qui composaient cette chambre sont en acajou massif et détail intéressant, ils sont garnis de leurs bronzes, traités avec un soin et une perfection que l'on rencontre rarement dans les meubles servant aux usages courants de la vie. Quoi de plus délicieux que cette petite méridienne recouverte de soie rouge et dont les accotoirs sont ornés de cornes d'abondance d'où s'échappe une sorte de palmette; le lit, la commode et la console sont à l'unisson. Chacun de ces meubles est muni de sa petite garniture si fine, si bien proportionnée, que l'on dirait que ces bronzes ont été ciselés au pays de

(1) «Queen Mary's Dolls' house» - Clifford Musgrave.
(2) «Récréations et Passe-temps» - H. d'Allemagne.

PÉTRIN
Provence
XVIIIe siècle
Noyer
H. 24 cm ; L. 30 cm ; Pr. 14 cm
Coffre à couvercle polylobé.
Piétement composé d'une table à ceinture sculptée de branches fleuries posant, par l'intermédiaire de quatre balustres, sur quatre pieds roquillards sur dés, à entretoise sculptée de motifs floraux.

VAISSELIER
Pays de Caux
XIXe siècle
Chêne
H. 52 cm ; L. 32 cm ; Pr. 17 cm
Vaisselier à fronton cintré composé de rinceaux godronnés couronnant un panier fleuri en haut relief. Entre des montants sculptés de palmettes disposées en écailles, deux panneaux de branches fleuries encadrent l'étagère, entre des rangs de perles. Corps inférieur à bordure moulurée surplombant une frise d'entrelacs. De part et d'autre d'une traverse médiane perlée, deux vantaux à panneaux chantournés bordés de feuilles à l'intérieur et de pilastres à l'extérieur. Les fiches importantes, le motif végétal du tablier et les pieds antérieurs, en roquillards sur dés, complètent le décor de ce meuble.

CHAISE DE BÉBÉ
France
XIXe siècle
Chêne
H. 19 cm ; L. 9,5 cm ; Pr. 9,5 cm
Haute chaise d'enfant à transformations, munie d'un pot sur le siège. Dépliée, elle pose sur des roulettes.

CHAISE À NOURRICE
France
XVIIIe siècle
Noyer
H. 30 cm ; L. 16,5 cm ; Pr. 14 cm
Chaise à nourrice paillée, rustique. Trois traverses à double cintre au dossier. Montants, pieds cylindriques. Traverse antérieure en balustre.

Lilliput. La pendule principale, placée comme il convient sur la commode, est en léger cuivre étampé et surmontée d'une couronne de fleurs... Dans le fond de la pièce sont deux autres pendules : l'une en forme de lyre surmontée d'un bouquet en bronze, l'autre, de style plutôt gothique, semble rappeler la Restauration (1). »

Lors de l'Exposition de 1900, M. d'Allemagne cite un merveilleux canapé en bois de noyer garni en canne, exposé par Mme Lelong : « Toutefois ce meuble atteint une telle perfection dans son exécution, une telle pureté de lignes dans ses contours, que nous préférons voir en lui le chef-d'œuvre de quelque maître-ébéniste (2). »

Les présentations de cuisine miniature eurent de tout temps un grand succès ; on peut y retrouver tous les types de mobilier régional : depuis le vaisselier du Pays de Caux, richement sculpté avec son panier fleuri typique de cette région, jusqu'au pétrin provençal (p. 86 et 87), avec son coffre à couvercle et sa table à ceinture sculptée. Dans la cuisine du Musée de Vendeuvre, nous trouvons une cuisinière en cuivre avec son bain-marie, son tuyau, tous les accessoires en cuivre, de nombreux ustensiles en étain et également des faïences (p. 86 et 87). M. d'Allemagne possédait dans ses collections un buffet en bois de chêne miniature d'époque Louis XIII, chargé de son ancienne vaisselle (3).

Nous avons exclu de cette étude les meubles d'enfants servant de jouet, car ils sont beaucoup plus simples dans l'exécution, le bois est brut, les proportions sont plus frustes ; les meubles sont plus lourds, plus stables, d'une plus grande solidité pour le jeu des enfants.

Cependant, des meubles très raffinés ont été créés pour les enfants, mais d'une plus grande échelle ; principalement des sièges où un jeune enfant d'environ sept ans pouvait s'asseoir. Lorsqu'un menuisier recevait commande d'un salon (canapé, fauteuils et chaises) il pouvait être demandé parfois un siège d'enfant de même facture, assorti à l'ensemble du salon. Nous associons à cette catégorie le fauteuil d'époque Louis XV, la bergère d'époque Louis XVI, la chaise d'époque Louis XIV (tous trois ci-contre), le fauteuil d'époque Louis XIII (p. 90). La paire de fauteuils d'époque Directoire (p. 90) devait faire partie d'un salon complet d'enfant.

(1) « Récréations et Passe-temps » - H. d'Allemagne. (2) Catalogue Hôtel Drouot des 8 et 9 mars 1918 - n° 130 : « Petit canapé-corbeille canné d'enfant, de forme très contournée, reposant sur neuf pieds en bois mouluré, sculpté et ciré. Décor de feuillage fleuri et bouquets de roses. Epoque Louis XV. Petit meuble remarquable. (Collection Lelong). Long. 88 cm ». Adjugé à l'époque 6 300 F.

Nous connaissons dans une collection privée un salon complet d'enfant de style Louis XVI, comportant six fauteuils et un canapé couvert de tapisseries de Beauvais ornées de motifs d'après Oudry (la hauteur d'un fauteuil est de 49 cm).

Il faut admirer un autre siège d'enfant : le fauteuil d'enfant (vers 1750) qui est exposé au Musée Camondo (4).

Arrêtons-nous plus longuement sur le petit fauteuil du Dauphin estampillé Jacques Gay (maître en 1779), exposé au Musée du Louvre, « Donation Schlichting ». « Ce précieux fauteuil d'enfant, très richement sculpté et doré, a été exécuté pour le fils aîné de Louis XVI. Cette sorte de petit trône présente un dossier à fronton surmonté d'un aigle et d'un amour ; les accotoirs s'appuient sur des dauphins ; au-dessus des pieds se détachent des fleurs de lys, et le devant de la ceinture porte le masque du soleil (5). »

Le secrétaire-commode français de la fin du XVIIIe siècle (p. 84) a sans doute été réalisé pour un enfant, de par son exécution, sa taille. En ouvrant l'abattant on découvre des cases et des tiroirs très fonctionnels adaptés à un enfant.

Il est parfois difficile de dater ou de définir les meubles miniatures, en grande majorité anonymes. L'estampille n'explique pas nécessairement les raisons pour lesquelles un petit meuble a été créé. Une très belle table tric-trac, à échelle réduite, exposée au Musée des Arts Décoratifs à Paris, est estampillée de Denis-Louis Ancellet, maître en 1766 à Paris. Ce petit meuble en acajou et bois divers a-t-il été réalisé comme chef-d'œuvre et estampillé ensuite ? Est-ce un modèle déposé chez un marchand-mercier ou dans l'atelier d'Ancellet (6) ?

Le Palais d'Aranjuez expose un petit lit en acajou, avec de fines applications en bronze ciselé et doré. Des plaques en cristal gravé d'or (œuvre de Vicente Mariani) sont incrustées dans le bois (7). Ce merveilleux petit meuble est-il un modèle, un présent, ou un jouet d'enfant royal ? on ne semble pas en connaître l'histoire.

Certes, l'échelle peut être un critère d'appréciation. En effet le mobilier des « maisons de poupée » est en général nettement plus petit (échelle allant de 1/4 à

(3) « La Maison d'un vieux collectionneur » - H. d'Allemagne.
(4) Musée Nissim de Camondo - n° 592 : « Fauteuil d'enfant de forme contournée, en bois sculpté. Accotoirs et pieds cambrés. Décor de fleurettes. Couvert en velours rouge. » Haut. 52 cm.
(5) « Les Ebénistes du XVIIIe siècle » - Comte de Salverte.
(6) Musée des Arts Décoratifs - Paris - Inventaire n° 33-852.
(7) Real sitio de Aranjuez - A. Oliveras Guart.

FAUTEUIL
France
Epoque Louis XV
Noyer, garniture en soie
H. 60 cm ; L. 40 cm ; Pr. 31 cm
Fauteuil mouluré, en cabriolet, au dossier légèrement violonné, sommé d'une fleurette dressée. Accotoirs droits munis de manchettes, terminés en enroulements.
Consoles en volutes, reliées à la ceinture en retrait des pieds antérieurs. Décor de fleurettes et de fleurs sur la ceinture et le sommet des pieds antérieurs cambrés en S, tout comme les pieds postérieurs.

BERGÈRE
France
Style Louis XVI
Noyer
H. 51,5 cm ; L. 39 cm ; Pr. 35 cm
Bergère en gondole à dossier mouluré sommé d'un nœud de ruban. Accotoirs à enroulements, munis de manchettes.
Consoles cannelées sur dés de raccordement à rosaces. Pieds fuselés, cannelés à rudentures.

CHAISE
France
Epoque Louis XIV
Chêne, garniture de tapisserie
H. 67 cm ; L. 27,5 cm ; Pr. 31 cm
Chaise à dos, aux pieds en gaine et entrejambe en H sculptés.

FAUTEUIL

France
Epoque Louis XIII
Noyer
H. 44,5 cm; L. 32 cm; Pr. 21 cm

Fauteuil aux accotoirs, montants (sauf ceux du dossier) et traverses entièrement tournés, garni de coussins mobiles en tapisserie.
Accotoirs droits à simples boutons terminaux, appuyés perpendiculairement sur des éléments droits. Jambes terminées en boules aplaties, réunies par quatre entretoises.

PAIRE DE FAUTEUILS

France
Epoque Directoire
Noyer, garniture de soie
H. 47,5 cm; L. 32 cm; Pr. 26 cm

Dossier à crosses. Accotoirs droits à manchettes, cannelés. Consoles en balustres dans le prolongement des pieds antérieurs.

1/12e). Le Musée de Vendeuvre possède un remarquable petit cabinet sur piètement, échelle 1/7e, avec un décor d'écaille blonde et d'argent, qui provient manifestement d'une superbe maison de poupée italienne du XVIIIe siècle. Les nombreux tiroirs sont trop petits pour pouvoir renfermer des objets.

Les modèles ou maquettes sont à plus grande échelle (habituellement échelle 1/3 ou 1/4) pour que les clients puissent visuellement réaliser ce que donnera le meuble grandeur nature. Les meubles de tabletterie sont construits à l'échelle des objets qu'ils renferment. Quant aux meubles de l'enfance, ils sont généralement plus grands.

Certes, connaître l'histoire d'un petit meuble ajoute un supplément d'âme dans ce monde miniature énigmatique, mais dans la mesure où un petit meuble est très original et de grande qualité, son époque et son pays d'origine ne sont que des éléments complémentaires ; et la prudence aussi bien que la modestie dictée par tous ces artisans de génie nous incitent à aimer ces petits meubles tels qu'ils sont. Sans doute avec le mobilier miniature l'artisan rejoint l'artiste et l'artisanat atteint l'Art.

Guy et Elyane de Vendeuvre

VITRINE
France
Style Louis XV
Bois de rose, bois de violette
H. 66,5 cm ; L. 47 cm ; Pr. 20,5 cm
Vitrine à doucine marquetée de chevrons. Deux portes vitrées aux entrées de serrures de style rocaille, comme les sabots en applique. Marqueterie de cubes sur les panneaux latéraux.

TABLEAU COMPARATIF DES PRINCIPAUX STYLES EN EUROPE

	FRANCE	ANGLETERRE	ESPAGNE	ALLEMAGNE AUTRICHE
1500	Louis XII (1498-1515)	Henri VII (1485-1509)	Ferdinand V (1452-1516)	Maximilien Ier (1493-1519)
1510				
1520		**Tudor** Henri VIII (1509-1547)	Charles Ier (1516-1556)	Charles V
1530	François Ier (1515-1547)		**1re Renaissance**	Ferdinand Ier (1522-1564)
1540	**Renaissance**			
1550	Henri II (1547-1559)	Edouard VI	**Siglo de oro**	**Renaissance**
1560	François II (1559-1560)	Marie Tudor Elisabeth Ire (1558-1603)	Philippe II (1556-1598)	
1570	Charles IX (1560-1574)			Maximilien II (1564-1576)
1580	Henri III (1574-1589)	**Elizabethan**	**2^e Renaissance**	Rodolphe II (1576-1612)
1590	Henri IV (1589-1610)			
1600			Philippe III (1598-1621)	
1610		Jacques Ier (1603-1625)		
1620	**Louis XIII** Louis XIII (1610-1643)	**Jacobean**		Mathias Ferdinand II (1619-1637)
1630		Charles Ier (1625-1649)	Philippe IV (1621-1665)	
1640				Ferdinand III (1637-1657)
1650		Cromwell	**1er Barroco**	
1660		Charles II (1660-1685)		Leopold Ier (1657-1705)
1670	**Louis XIV** Louis XIV (1643-1715)	**Transition**	Charles II (1665-1700)	
1680				
1690		Jacques II Marie II		**Baroque**
1700		Guillaume III (1688-1702)	Philippe V (1700-1746)	
1710		Anne (1702-1714) **Queen Ann**	**2e Barroco**	Joseph Ier (1705-1711)

1720	**Régence**	Régence	**Early Georgian**	George Ier (1714-1727)	**Barroco**	Philippe V (1700-1746)	**Régence**	Charles VI (1714-1740)
1730		Louis XV (1715-1774)		George II (1727-1760)				
1740								Marie-Thérèse François Ier
1750			**Chippendale**		**Rococo**	Ferdinand VI (1746-1759)		
1760	**Louis XV**			George III (1760-1820)		Charles III (1759-1788)	**Rococo**	
1770	**Transition**		**Adam Hepplewhite**				**Néo-classique**	
1780	**Louis XVI**	Louis XVI (1774-1792)			**Neoclassico**			Joseph II (1780-1790)
1790	**Directoire**	1re République	**Sheraton**			Charles IV (1788-1808)		Léopold II François II (1792-1835)
1800		Consulat						
1810	**Empire**	Napoléon Ier (1804-1815)	**Regency**		**Imperio**		**Empire**	
1820	**Restauration**	Louis XVIII (1815-1824)		George IV (1820-1830)	**Fernandino**	Ferdinand VII (1814-1833)	**Biedermeier**	
1830		Charles X Louis-Philippe (1830-1848)		Guillaume IV		Isabelle II (1833-1868)		
1840	**Louis-Philippe**		**Early Victorian**	Victoria (1837-1901)	**Isabellino**			Ferdinand (1835-1848)
1850		2e République Napoléon III						François-Joseph (1848-1916)
1860	**Napoléon III**		**Mid-Victorian**				**Second Rococo**	
1870		3e République				Alphonse XII (1874-1885)		
1880			**Late Victorian**			Alphonse XIII (1886-1931)		
1890								
1900	**1900 Art nouveau**		**Edwardian**	Edouard VII (1901-1910)	**Art nouveau**		**Art nouveau**	
1910				George V (1910-1936)			**Art déco**	
1920								Charles (1916-1918) République (1919)
1930	**Art déco**							

BIBLIOGRAPHIE

Ouvrages généraux

VIAUX (Jacqueline), Bibliographie du Meuble, Paris, Société des Amis de la Bibliothèque Forney, 1966.

SALVERTE (comte François de), Les Ebénistes du XVIIIe siècle, leurs œuvres et leurs marques.

VERLET (Pierre), Le Mobilier royal français.

VERLET (Pierre), La Maison du XVIIIe siècle en France, Fribourg/Paris 1966.

VERLET (Pierre), Les Meubles français du XVIIIe siècle. P.U.F.

LEDOUX LEBARD (Denise), Les Ebénistes parisiens au XIXe siècle. Paris, 1965.

MOLINIER (Emile), Histoire générale des arts appliqués à l'industrie. Paris.

NICOLAY (Jean), L'Art et la manière des maîtres ébénistes français au XVIIIe siècle. Pygmalion.

ERIKSEN (Svend), Early Neoclassicism in France... Londres, 1974.

ROUBO, L'Art du menuisier. 1770.

PLAS (S. de), Les Meubles à transformations et à secrets. Paris, 1975.

VIAL (Henry), **MARCEL** (Adrien), **GIRODIE** (André). Les Artistes décorateurs du bois. Paris, 1912.

LEVY-COBLENTZ (Françoise), Les Meubles alsaciens.

RORET, Ebéniste et Tabletier.

ALLEMAGNE (Henry-René d'), Histoire des jouets. Hachette.

ALLEMAGNE (Henry-René d'), Récréations et Passe-temps.

ALLEMAGNE (Henry-René d'), La Maison d'un vieux collectionneur.

NIFFLE-ANCIAUX (Edmond), Les Repos de Jésus et les berceaux reliquaires. Namur, 1896.

VERLET (Pierre), L'Art du meuble à Paris au XVIIIe siècle. «Que sais-je?» P.U.F.

BENOIST (Luc), Le Compagnonnage et les Métiers. «Que sais-je?» P.U.F.

LECOTTE (Roger), Chefs-d'œuvre de Compagnons. Chêne/Hachette, 1980.

WILCKENS (Leonie von), Mansions in Miniature. The Viking Press. New York, 1980.

HAYWARD (Helena), Le Meuble dans le monde. Flammarion, 1967.

COURAJOD (Louis), Livre-journal de Lazare Duvaux, marchand-bijoutier ordinaire du roy, 1748-1758. Paris, 1873.

Catalogues

«Mobilier miniature - Objets de maîtrise». XVIe-XXe siècles - Collection Vendeuvre - Exposition Le Louvre des Antiquaires à Paris - 7 novembre 1986 au 1er mars 1987. Commissaire de l'Exposition: Nathalie Narischkine.

«Kleine Möbel. Modell, Andachts, und Kassettenmöbel vom 13.-20. Jahrhundert». G. Himmelheber. Deutscher Kunstverlag Munich 1979.

«Petits Meubles et Chefs-d'œuvre». Exposition organisée par la Délégation à l'Action artistique de la Ville de Paris. Février à avril 1980.

«Jouets et Meubles d'enfants, petits modèles - pièces de maîtrise du XVIIIe siècle». Vente Hôtel Drouot, Paris, des 8 et 9 mars 1918.

«Exposition de jouets anciens» organisée par la Société des Amis des Arts de Strasbourg. Musée historique - 20 novembre-31 décembre 1926.

«Curiosità di una reggia. Vicende della guardaroba di Palazzo Pitti». Florence, Palais Pitti - Septembre 1979.

«Collection de meubles de maîtrise». Vente Hôtel Drouot Rive gauche du 6 décembre 1976.

«Petit Mobilier». Exposition organisée du 14 octobre au 2 novembre 1933 dans les salons de l'Hôtel-de-Ville de Lyon.

«Il Progetto Domestico» - XVIIe Triennale di Milano - 1986 - p. 67.

«Miniatures» (Objets et meubles) - Vente Christie's New York, p. 62 (n°s 141 à 197). 24 janvier 1987.

Revues

CONNAISSANCE DES ARTS - «Grands meubles de petite taille» par Axelle de Gaigneron - Juin 1983.

CONNAISSANCE DES ARTS - «Une collection évolue» Vendeuvre - Par Axelle de Gaigneron - N°387 - Mai 1984.

CONNAISSANCE DES ARTS - «Flair ou Vogue» Vendeuvre - Par Axelle de Gaigneron - N°s 401/402 - Juillet/août 1985.

ARCHITECTURAL DIGEST - «Masterpieces in Miniature» - Juillet 1983.

ART ET DÉCORATION - «Meubles de maîtrise et objets de compagnonnage» - Par Pierre-Marie Favelac - N° 210 - Novembre 1978.

DIE WELTKUNST - 1er mars 1979.

ANTIQUARIATO - «Piccolissimi ma di grande fascino» - Avril 1984.

BULLETIN DE LA BIBLIOTHÈQUE FORNEY - N° 86 - «Le Musée international du Mobilier miniature - Vendeuvre» - Juillet/septembre 1985.

LA VIE FRANÇAISE - «L'artisan prend l'habit de l'artiste» - Meubles miniatures par Michel Danmord - 1985.

ALMANAC - The Franklin Mint - «Masterpieces in Miniature - Vendeuvre» - Par Suzanne Wolstenholme - Septembre/octobre 1985.

REVUE DES MÉTIERS DE L'AMEUBLEMENT - «Petits meubles au Château de Vendeuvre» - Novembre 1983.

INTER-CONTINENTAL - MAGAZINE EUROPE - «Musée international du Mobilier miniature et Chef-d'œuvre de maîtrise» - Avril 1985.

FIGARO-MADAME «Le mobilier miniature a son musée» - Par Laurence Mouillefarine - 21 juin 1986.

VOGUE DÉCORATION - «Petits chefs-d'œuvre» - N°6.

PARIS DAYORI - Le Journal japonais de Paris - «Mobilier miniature» n°151 - Novembre 1986.

L'ESTAMPILLE - «Mobilier miniature de la collection Vendeuvre» - Novembre 1986.

VALEURS ACTUELLES - «A petite échelle» - 15 septembre 1986.

LE QUOTIDIEN DU MÉDECIN - «Séduction en réduction» - Par Françoise Deflassieux - 27 juin 1986.

FIGARO MAGAZINE - «Les chefs-d'œuvre de maîtrise au Louvre des Antiquaires» - 25 octobre 1986.

GAZETTE DE L'HÔTEL DROUOT - «Au royaume de Lilliput: les meubles miniatures» - Par Chantal Humbert - N°43 - 5 décembre 1986.

LA COTE DES ANTIQUITÉS - «Fidèles témoignages des grands ébénistes» - Par A. Bedel - Novembre/décembre 1986, n°59.

ARCHITECTURAL DIGEST - «Le Più Belle Case del Mondo» par Guido Guerrasio - Décembre 1986.

LES PETITES AFFICHES - «Les grands petits meubles» - Par Bertrand Gallimard-Flavigny - N°144 - 1er décembre 1986.

L'EXPRESS - «Le travail d'or des artisans» - Par Catherine Carles - 26 décembre 1986.

PLAISIR DE LA MAISON - «Mobilier miniature et objets de maîtrise» - (Collection Vendeuvre) - N°221 - Décembre 1986/janvier 1987.

F.M.R. - «Mobilier miniature, objets de maîtrise, collection Vendeuvre» - Par Patrick Mauriès - N°5 - Décembre 1986.

ARAB HOME - «Mobilier miniature» - Par Claude Homsy - Janvier 1987.

THE ANTIQUE COLLECTOR - «European Miniature Furniture» - Par Pascale Villiers Le Moy - Février 1987.

PRINCIPAUX MUSÉES

- Amsterdam, Rijksmuseum.
- Aranjuez, Palais d'Aranjuez - Espagne.
- Augsbourg, Städtische Kunstsammlungen.
- Bâle, Musée historique.
- Baltimore, Walters Art Gallery.
- Berlin, Musée des Arts Décoratifs.
- Bruxelles, Musées royaux d'Art et d'Histoire.
- Cappenberg, Musée d'Art et d'Histoire de Dortmund.
- Dordrecht, Musée Simon van Gijn.
- Florence, Palais Pitti.
- Frankfort, Museum für Kunsthandwerk.
- La Haye, Gemeentemuseum.
- Londres, Victoria and Albert Museum.
- Munich, Musée d'Etat des Médailles.
  Munich, Musée national de Bavière.
- Nuremberg, Germanisches Nationalmuseum.
- Paris, Musée des Arts Décoratifs.
  Paris, Musée Camondo.
  Paris, Musée du Louvre.
  Paris, Mobilier national.
- Strasbourg, Musée des Arts Décoratifs.
- Vendeuvre, Musée international du Mobilier miniature (Calvados).
- Windsor Castle.
- Winterthur, Henry Francis du Pont Winterthur Museum (Delaware).
- Winterthur, Heimatmuseum Lindengut (Zurich).
- Zurich, Schweizerisches Landesmuseum.

Aubin Imprimeur
LIGUGÉ, POITIERS

Achevé d'imprimer en avril 1987
N° d'impression P 23222
Dépôt légal avril 1987 / Imprimé en France